CHASSE A TIR ET A COURRE

DU

DROIT DE SUITE

ET DE LA PROPRIÉTÉ

DU

GIBIER TUÉ, BLESSÉ OU POURSUIVI

Examen de la législation, de la doctrine et de la jurisprudence

PAR

ALEXANDRE SOREL

Avocat à la Cour Impériale de Paris
Suppléant du juge de paix de l'arrondissement des Gobelins

PARIS

Aug. AUBRY, libraire,   Aug. DURAND, libraire,
16, rue Dauphine.   7, rue des-Grès.

AU BUREAU DU JOURNAL DES CHASSEURS
Rue de la Chaussée-d'Antin, 26.

1862

CHASSE A TIR ET A COURRE

DU

DROIT DE SUITE

PARIS

IMPRIMERIE DE L. TINTERLIN ET C°

rue Neuve-des-Bons-Enfants, 3.

CHASSE A TIR ET A COURRE

DU

DROIT DE SUITE

ET DE LA PROPRIÉTÉ

DU

GIBIER TUÉ, BLESSÉ OU POURSUIVI

Examen de la législation, de la doctrine et de la jurisprudence

PAR

ALEXANDRE SOREL

Avocat à la Cour Impériale de Paris
Suppléant du juge de paix de l'arrondissement des Gobelins

PARIS

AUG. AUBRY, libraire, | AUG. DURAND, libraire,
16, rue Dauphine. | 7, rue des Grès.

ET AU BUREAU DU JOURNAL DES CHASSEURS
Rue de la Chaussée-d'Antin, 26.

1862

DU DROIT DE SUITE

ET DE LA

PROPRIÉTÉ DU GIBIER TUÉ, BLESSÉ OU POURSUIVI

CHAPITRE Ier

DU DROIT DE SUITE AVANT 1789.

I. — On appelle *Droit de suite*, le droit pour un chasseur de suivre avec sa meute, sur le terrain d'autrui, le gibier qu'il a fait lever sur ses propres terres.

Ce droit existait-il avant 1789 ?

Existe-t-il encore aujourd'hui ?

Tels sont les points que je vais examiner.

Pour bien comprendre quelle pouvait être l'étendue d'un pareil droit avant 1789, il faut se rendre un compte exact de ce qu'était alors le droit de chasse en lui-même, et à quelles conditions il se devait exercer.

II. — Dès le principe, le Roi seul avait le droit de chasse : toute autre personne qui en jouissait le tenait de lui, soit par inféodation, soit par concession. De là certaines dispositions des ordonnances, et en dernier lieu les articles 14 et 28 de celle de 1669, ainsi conçus :

Art. XIV. « *Permettons à tous seigneurs, gentilshommes et nobles, de* « *chasser noblement, à force de chiens et d'oiseaux, dans leurs forêts,* « *buissons, garennes et plaines, pourvu qu'ils soient éloignés d'une lieue* « *de nos plaisirs ; même aux chevreuils et aux bêtes noires, dans la distance* « *de trois lieues.* »

Art. XXVIII. « *Faisons défense aux marchands, artisans, bourgeois et* « *habitants des villes, bourgs, paroisses, villages et hameaux, paysans et* « *roturiers, de quelque état et qualité qu'ils soient, non possédant fiefs,* « *seigneurie et haute justice, de chasser en quelque lieu, sorte et manière,* « *et sur quelque gibier de poil et de plume que ce puisse être, à peine de* « *cent livres d'amende pour la première fois, double pour la seconde, et*

« *pour la troisième, d'être attaché trois heures au carcan du lieu de leur*
« *résidence, à jour de marché, et bannis, durant trois années, du ressort*
« *de la maîtrise, sans que, pour quelque cause que ce soit, les juges puissent*
« *remettre ou amoindrir la peine, à peine d'interdiction.* »

III. — La faculté accordée aux seigneurs, gentilshommes et nobles
de chasser sur leurs *propres terres*, souleva la difficulté de savoir si le gibier
levé sur ces terres pouvait être poursuivi sur le terrain d'autrui?

Bien avant 1669, cette question fut examinée par la doctrine et résolue
par la jurisprudence.

RENÉ CHOPIN la formule ainsi, en 1581, dans son *Commentaire sur la
Coutume d'Anjou* (1) :

« Si le seigneur chassant des lapins ou connils, ils se sauvent dans l'héritage d'aul-
« truy, pourra-t-il faire passer ses chevaux et son attirail de chasse par cet héritage?
« Il pourra, à mon jugement. »

Et à ce propos, il cite l'exemple suivant :

Antoine Melet fit adjourner René de la Bahoulière en action négatoire par devant
le juge royal de Baugée en Anjou : là, le demandeur dénia que le deffendeur eût
droict de chasser en sa terre, selon Bartole *in l. Venationem ff de Usur.* Toutefois que
le deffendeur, qui à peine possédoit trente arpens de terre, avoit coustume de chasser
non seulement sur soy mais aussi sur les terres de ses voisins : Il adjouste que la
petite terre du deffendeur est sujete à la sienne par droict de vasselage, d'où venoit
qu'il avoit moins de droict de chasser sur la terre de laquelle il relevoit; à cela le
deffendeur disoit qu'il ne chassoit que sur soy, que si quelquefois ayant levé un
lièvre sur sa terre, il l'a poursuivy et qu'a ce sujet il a été nécessité de mettre le
pied sur la terre d'aultruy, cette poursuite de sa chose n'avoit point été dommagea-
ble et n'avoit intéressé autruy. De plus, que l'on observoit cette coutume en Anjou,
que celui qui cherchoit et chassoit sur soy, suivoit impunément ce qui s'enfuyoit sur
aultruy, sans offenser ni endommager ses voisins.

Le juge fit deffenses au deffendeur de plus chasser sur les terres du demandeur, dont
y ayant eu appel relevé aux grands jours d'Anjou, on appointe la cause au conseil et
on fit deffenses aux parties sur grandes peines de contrevenir aux lois de la chasse de
la coutume du pays par arrêt aux dits grands jours d'Anjou du 6 octobre 1539. »

IV. — Plus tard, le président BOUHIER, se préoccupant du même point
dans ses savantes observations sur la *coutume du duché de Bourgogne* (2),
s'exprime ainsi :

Ce qui peut rendre cette question problématique, c'est qu'un auteur (3) fort instruit
en ces sortes de matières, a rapporté plusieurs jugements de la Table de marbre de
Paris, qui ont jugé qu'il n'est pas permis à un seigneur haut-justicier de poursuivre
son gibier sur la terre d'un autre seigneur haut-justicier son voisin, ni à un seigneur
de fief sur un autre seigneur de fief, quoique cela soit permis à tout seigneur domi-
nant sur les terres de ses vassaux. Je me souviens même d'avoir vu soutenir vive-

(1) Liv. Ier, chap. 32.

(2) T. 2, p. 724, édition de 1788.

(3) LAISNÉ, *nouvelle jurisprudence sur le fait des Chasses*, t. Ier, p. 109, 190 et suiv. et p. 421,
édit. de 1685.

ment cette opinion par feu M⁰ Jean Melenet, l'un des plus illustres avocats de notre Parlement.

Il est constant néanmoins que, de toute ancienneté, l'usage du royaume est que celui qui a droit de chasse peut suivre son gibier sur les terres et seigneuries d'un autre. Ce fait est attesté par un des plus anciens de nos praticiens (1) qui assure qu'ainsi le veulent les coutumiers et par tous les autres qui ont écrit depuis sur cette question.

On en trouve même une décision expresse dans la coutume de Franche-Comté et dont voici les termes :

« *La bête meute de la chasse d'aucun ayant droit et pouvoir de faire chasser, se* « *peut poursuivre en autre justice ou seigneurie, ou si elle y est prise et abattue, elle* « *doit être rendue au premier de qui la chasse est meute, si elle est poursuivie par les* « *chasseurs ou par les chiens, dedans vingt-quatre heures après ce qu'elle sera abattue :* « *et doit être gardée la dite bête sans démembrer les dites vingt-quatre heures durant.* »

Quoique les autres coutumes n'en disent rien, cependant tous ceux qui les ont interprétées sont unanimement d'accord que ce droit de poursuite appartient aux seigneurs, et ils en citent plusieurs arrêts tant du Parlement de Paris que des autres du royaume, comme on le verra dans un moment.

Ce droit ne nous est pas particulier, étant en usage dans l'Allemagne même (2) où on est plus jaloux de la chasse qu'en aucun autre pays. Il y a seulement quelques cantons où l'on distingue entre le cas où la bête est blessée avant que de passer sur la terre d'un autre seigneur et celui où elle ne l'est pas. Mais au premier cas le droit de poursuite est admis partout sans difficulté.

Les seules raisons qu'on oppose à ceux qui veulent permettre aux chasseurs la poursuite du gibier hors de leur territoire, sont qu'il en peut arriver de grands inconvénients : comme de battre des valets, de tuer des chiens et d'en faire un point d'honneur qui donne souvent lieu à des querelles très-sérieuses entre les seigneurs.

Mais outre que les inconvénients ne sont point un moyen suffisant pour priver quelqu'un de son droit, il est certain que ceux qu'on allègue ont été de tout temps les mêmes, et cependant ils n'ont point empêché les jurisconsultes ni les rédacteurs des coutumes d'autoriser le droit de suite dont il s'agit.

D'ailleurs, s'il y a quelque inconvénient à le permettre, il y en aurait aussi à le refuser. Ce serait, par exemple, priver en quelque manière de certains seigneurs du droit de chasse qui leur appartient. En effet, supposons qu'un d'eux ne possède en fief que vingt ou trente arpens de terre, comme dans l'hypothèse rapportée par Chopin (3), il est presque impossible que le gibier qu'il aura lancé dans cette étendue n'en sorte bientôt. Si donc alors le chasseur est obligé de rompre ses chiens et d'abandonner la poursuite de la bête, il faut qu'il renonce au plaisir de la chasse que les loix lui ont accordé. La réciprocité de ce droit entre les seigneurs voisins, sert de compensation aux petits inconvénients qui en peuvent naître et c'est ce qui a fait dire à Coquille *que la raison de civilité y est* (4).

A l'égard des jugements contraires qu'on dit avoir été rendus à la Table de marbre de Paris, il faut croire qu'ils sont intervenus sur quelques circonstances particulières. De plus, on ne voit pas qu'ils aient été confirmés par aucuns arrêts. Loin de cela, on en cite plusieurs qui ont maintenu les seigneurs dans le droit de poursuite. Il y en a

(1) Bouteillier. *Somme rurale*, liv. Iᵉʳ, tit. 36, p. 251, édit. de 1603.

(2) De Malte, *des Nobles dans les Tribunaux*, ch. 5, § 9.

(3) *Loco citato*.

4) Coquille, *sur Nivernois*, chap. 17, § 16.

trois du Parlement de Paris (1); l'un de l'année 1290, un autre du 14 décembre 1566, et un troisième prononcé solennellement en robes rouges le 17 mars 1573. La même chose a été jugée au Parlement de Toulouse par arrêt du 2 juin 1608 (2), et je ne crois pas qu'il y en ait un seul contraire. C'est à quoi il faut s'en tenir, à mon avis.

V. — Voici le texte de l'arrêt rendu par le Parlement en 1290. Je le reproduis sans y rien changer :

Inter dominum Couciaci ex unâ parte et maiorem et juratos villæ de Crispeio in Lauduno ex alterâ, controversia mota super eo, quod idem dominus petebat sibi restitui quendam cervum captum prope Crispeium par homines dictæ villæ ea ratione quia dicebat venatores suos dictum cervum sufficienter persecutos fuisse : auditis rationibus et confessionibus hinc inde pronuntiatum fuit per curiæ nostræ judicium, dictum dominum Conciaci dictam persecutionem dicti cervi sufficienter probasse et dictos maiorem et juratos teneri ad restitutionem dicti cervi dicto domino faciendam.

In Parlament. Pentecostes ann. 1290. Ex tabulario curiæ antiquioris, fol : 136 (3).

VI. — Quant à celui du 17 mars 1573, il est rapporté par *Bacquet* (4), en ces termes.

Entre messire Jordain Marc de Saligny, chevalier de l'ordre du Roy, seigneur et baron dudit lieu, demandeur.

Et Claude de Buffemant, écuyer, seigneur de Beaumont, hommes d'armes de la compagnie du seigneur d'Aumalle, défendeur.

Le défendeur ayant levé un sanglier au dedans de son fief, qui est tenu et mouvant en foy et hommage du demandeur et l'ayant poursuivy et pris dedans la terre seigneurie et baronnie du demandeur, le demandeur pour raison de ce, forme complainte par devant messieurs des requestes du Palais. Soustient que le défendeur n'ayant droit de justice, il n'avoit droit de chasse. Requiert estre maintenu et gardé en possession et saisine, d'interdire et prohiber au défendeur d'aucunement chasser, soit au dedans de son fief ou au dedans des fins et limites de la baronnie et haute justice du demandeur. Le défendeur condamné rendre le sanglier par luy pris en la terre du demandeur; et en tous les dépens, dommages et intérêts. Ce qu'estant soustenu au contraire par le défendeur et maintenu qu'estant gentil-homme et seigneur du fief, il ne luy estoit pas seulement permis chasser au dedans de son fief; *mais qu'il lui estoit loisible de poursuivre et prendre la beste sauvage qu'il avoit levée en son fief, au dedans des terres et seigneuries appartenans au demandeur ou bien à un autre seigneur.* Et que telle est l'usance et commune observance du royaume de France.

Le 17 mars 1573 a esté donné et solennellement prononcé arrest, par lequel,

---

(1) Chopin, *loco cit. Carondas*, rép. 32, liv. 4. — *Bacquet, Droit de just. ch. 34, n° 13.*

(2) La Roche Flavin, *des Droits seigneuriaux*, ch. 28, § 8.

(3) Entre le sire de Coucy, d'une part, et le maire et les jurats de la ville de Crepy en Laonnais, d'autre part. La difficulté est venue de ce que le seigneur réclamait la restitution d'un cerf dont s'étaient emparé les habitants de Crepy, dans les environs de cette ville. Il alléguait à cet effet, que ses veneurs avaient suffisamment forcé l'animal. Après avoir entendu les raisons et explications de chacune des parties, notre Cour a rendu un jugement qui, reconnaissant que le sire de Coucy prouvait suffisamment la poursuite du cerf dont s'agit, a condamné le maire et les jurats de Crepy à lui restituer ledit animal.

Fait en Parlement, à la Pentecôte de l'année 1290, fol. 136, des registres de l'ancienne Cour.

(4) *Droits de Justice*, chap. 34, n° 13.

pour le regard du trouble prétendu par le demandeur en la prise du sanglier duquel estoit question :

La Cour a mis les parties hors de cour et de procès sans dépens. Néanmoins a maintenu et gardé les parties respectivement en possession. A scavoir, le demandeur de faire chasser en et au dedans de sa dite terre de Saligny : et le défendeur aussi en possession de chasser au dedans de son dit fief de Beaumont. A fait inhibition et défenses aux parties de se troubler l'un l'autre ès dites possession.

« VII.—En effet, dit l'auteur du *Code des Chasses* (1), lorsque c'est une « chasse à cor et cri et sans fraude, on ne sçaurait faire un crime à celui « qui ne s'est pas arrêté et qui peut être n'aurait pas pu arrêter des chiens.»

VIII. — Henriquez (2), s'expliquant à son tour sur l'arrêt du 17 mars 1573, ajoute :

Comme cette faculté de lever le gibier dans sa terre et de le suivre sur une autre terre, donneroit lieu, si elle étoit illimitée, à beaucoup d'inconvénients, les chasseurs doivent en user avec beaucoup de circonspection pour n'être pas exposés à avoir des difficultés avec les seigneurs des terres sur lesquelles ils suivroient le gibier levé.

Encore faut-il entendre cette faculté pour le grand gibier seulement dont la chasse a plus de tenue que celle des autres, ainsi un sanglier, un chevreuil, un daim, un chamois qui ne peut être atteint dans un terrain souvent trop peu étendu et qui gagne une terre voisine, peut être suivi; car, en ce qui concerne le menu gibier, tels que le lièvre, le lapin, etc., etc., il est manifeste qu'il pourroit résulter beaucoup d'abus de la liberté qu'auroit un chasseur de les suivre sur une terre voisine de celle où on les auroit fait lever.

C'est pourquoi, si on admet que l'arrêt de 1573 fasse règle en cette matière, il faut en restreindre la disposition à son objet, qui étoit un gros gibier ; il s'agissoit d'un sanglier; d'autant plus qu'il est de principe plus certain et plus universellement admis qu'il n'est pas permis de chasser sur les terres d'autrui sans sa permission, principe moins sujet à inconvénient dans son exécution que l'exception que l'on voudroit y faire sur le fondement de cet arrêt dont il n'est pas toujours facile de faire dans l'usage l'application que la discrétion oblige.

D'ailleurs, cet arrêt met simplement hors de Cour sur la contestation qui s'étoit élevée entre le seigneur du fief de Beaumont et le baron de Saligny, au sujet du sanglier que le seigneur de Beaumont avait levé sur son fief et qu'il avoit suivi sur les terres du baron de Saligny : ce qui fait connoître que cette suite de gibier est plus tolérée qu'autorisée et qu'elle ne peut avoir lieu que dans des circonstances particulières.

C'est pourquoi, pour prévenir les difficultés que cette suite de gibier pourroit occasionner, surtout entre voisins souvent jaloux de leurs droits, il est plus sûr et plus prudent de modérer, en pareil cas, l'ardeur que peut exciter la vue d'un gibier que l'on a fait lever sur sa terre et qui en gagne une voisine.

Au reste, dans tous les cas où cette suite de gibier peut avoir lieu, ce ne peut être qu'entre seigneurs personnellement et non pour leurs chasseurs hors de leur présence, parce que si, en général, ces chasseurs ne peuvent chasser sur la terre de leurs maîtres hors de leur présence, sauf les circonstances particulières, à plus forte raison,

(1) Tome Iᵉʳ. p. 361, édition de 1734.

(2) *Principes généraux de jurisprudence sur les Droits de Chasse et de Pêche*, Paris, 1775, page 138.

il s ne le pourroient sur une terre étrangère lorsqu'ils n'accompagnent pas leurs maitres.

IX. — FRANÇOIS MARC se préoccupe aussi de la question et la résout dans le même sens, en ajoutant toutefois quelques détails qui ne manquent pas d'un certain intérêt au point de vue des idées du temps.

Voici comment il s'exprime (1):

« Et ex quo aliqui nobiles aut alii venatores emodaverunt aliquam bestiam nigram vel ruffam, *possent illam sequi etiam in alieno territorio* et si alius accipiat, potest occidere et dare ventrem seu la *Curée* canibus; tamen residuum tenetur servare per xxiiij horas ad sciendum si primus venator veniat ut eidem servetur, et maxime quando primus venator jam vulneravit feram bestiam (2).

Enfin GRAVEROL, dans ses *observations sur les arrêts du Parlement de Toulouse*, écrit en 1682 :

« Un seigneur juridictionnel ne peut chasser en la terre et juridiction du seigneur
« son voisin contre sa volonté et permission : *bien peut poursuivre dans icelle le lièvre*
« *ou beste* par lui émüe ou *chassée* comme fut jugé à la Tournelle le 2 juin 1608 entre
« de Goyrans appelant du Sénéchal de Toulouse et Michel du Faur sieur de Pibrac
« appelé. »

Et en note, il ajoute :

« Un seigneur peut poursuivre dans la terre d'un autre seigneur la chasse qu'il a
« fait lever dans la sienne, et cela fondé, entre autres raisons, sur cette maxime que :
« *ubi finis habet necessariam dependentiam a principio spectatur ipsius principium.* »

X. — Cependant, au dire de BOUTARIC (3), la question s'étant présentée entre M. de Miramont seigneur d'Aignan et Jean-François de Montesquiou seigneur de Marsan, les juges de la table de marbre rendirent un jugement en dernier ressort, par lequel « deffenses furent faites au seigneur d'Aignan de chasser dans la terre et juridiction de Marsan. Il fut dit que si le gibie r levé par le seigneur d'Aignan, et poursuivi par ses chiens et oiseaux, passoit dans la terre de Marsan, le seigneur d'Aignan seroit tenu de s'arrêter à l'extrémité de sa terre, d'où, avant que d'entrer dans celle de Marsan, il seroit tenu d'envoyer un de ses domestiques, sans armes, ou autre personne de sa part, au château du seigneur de Marsan pour l'avertir qu'il n'entroit dans sa terre que pour rompre ses chiens ou réclamer et prendre son oiseau ; et en cas que le gibier poursuivi viendroit à être pris, le seigneur d'Aignan seroit tenu de l'envoyer incontinent par un de ses domestiques offrir au seigneur de Marsan dans son château, et se retirer ensuite, ses chiens couplés et son oiseau sur le poing.

---

(1) *Decisiones aureæ in sacro Delphinatus senatu discussæ quest* : 532, édition de 1579.

(2) Lorsque des personnages nobles ou quelque autre chasseur ont fait lever une bête noire ou fauve, ils peuvent la suivre même sur le terrain d'autrui : et si quelqu'un la rencontre, il peut la tuer et donner la fressure, autrement dit *la curée*, aux chiens : cependant il est tenu de conserver le reste de l'animal pendant vingt-quatre heures, afin de l'offrir au premier chasseur s'il revient, surtout si ce premier chasseur avait déjà blessé ledit animal.

(3) *Traité des droits seigneuriaux et des matières féodales.*

XI. — Quoi qu'il en soit, l'usage de suivre le gibier sur le terrain d'autrui semble avoir prévalu encore du temps de POTHIER. J'en trouve la preuve dans son *Traité du droit de propriété :*

Le droit de chasse qu'ont les seigneurs propriétaires de fiefs consiste, dit-il, non-seulement dans celui d'y chasser eux-mêmes sur leurs fiefs et d'y faire chasser leurs enfants et leurs amis, mais encore d'empêcher les autres d'y chasser.

Ils peuvent avoir pour cela un ou plusieurs gardes de chasse, qu'ils font recevoir ou dans leurs justices s'ils sont hauts-justiciers ou au siége de la maîtrise des eaux et forêts, et sur les procès-verbaux de leurs gardes, lesdits seigneurs propriétaires de fiefs peuvent ou à leur requête ou, s'ils sont hauts justiciers, à la requête de leurs procureurs fiscaux, assigner les particuliers qui auront été trouvés chassant sur leurs fiefs sans en avoir leur permission et de les faire condamner aux peines portées par les règlements.

Les seigneurs de fiefs et leurs gardes ne doivent avoir recours à aucunes voies de fait pour empêcher la chasse. Lorsque les gardes trouvent quelqu'un en contravention, ils ne doivent point le contraindre à rendre son fusil; ils doivent se contenter de dresser leur procès-verbal :

Le droit qu'a le propriétaire de fief d'empêcher que d'autres ne chassent sur son fief reçoit trois exceptions : 1° à l'égard du seigneur haut-justicier; 2° à l'égard du seigneur de qui il relève en fief; 3° l'usage a introduit une troisième exception, qui est : que *si mon voisin a levé sur son fief un gibier,* je ne puis tant *que ses chiens sont à la poursuite l'empêcher de le suivre sur mon fief* (1).

XII. — J'ai tenu à reproduire pour ainsi dire *in extenso,* au lieu de les analyser, les différents passages des auteurs qui ont traité la question du *droit de suite* sous l'empire des Coutumes. La conclusion qu'on peut tirer de toutes ces citations, c'est que ce droit fut, dès le principe, plutôt toléré par l'usage que consacré par des textes de lois, et que, suivant les pays où la difficulté se présentait, elle recevait une solution diverse.

Ce serait donc une erreur de croire que le droit de chasse, alors, impliquait, *ipso facto,* la faculté de suivre le gibier sur la propriété d'autrui.

XIII. — Et maintenant, quant à la manière dont s'exerçait le plus communément cette faculté elle-même, et quant aux regrets qu'elle pourrait inspirer encore aujourd'hui, il me suffira de reproduire les quelques lignes émanées de la plume d'un spirituel écrivain, compétent, à double titre, en pareille matière, et comme jurisconsulte et comme chasseur, M. Joseph Lavallée (2) :

« A entendre la plupart des chasseurs, l'ancien régime était un âge d'or pendant
« lequel les chasseurs ne pouvaient être arrêtés par nulle limite, et nous vivons
« dans un siècle de fer qui ne laisse à nos plaisirs aucune espèce de latitude. Pour faire
« justice de ces accusations, il faut commencer par se rendre compte de ce qu'était
« le droit de suite sous l'ancienne monarchie et nous verrons alors si ce système
« était préférable à notre loi actuelle. Je l'ai déjà dit à propos de la chasse à tir;

(1) *Traité du droit de propriété,* nᵒˢ 47 et 48.

(2) *La Chasse à courre en France,* page 10.

« sous l'ancien régime, la propriété se divisait en domaine direct et en domaine utile.
« Le domaine direct appartenait au souverain ; le domaine utile avait été par lui
« abandonné à ses sujets. Parmi les dépendances du domaine direct était placé en
« première ligne le droit de chasse. Ce droit appartenait au souverain sur tout le ter-
« ritoire et n'appartenait qu'à lui. Par une concession purement gracieuse, il avait
« autorisé les possesseurs de fiefs à chasser. C'était une délégation du droit royal qui
« leur était faite : ceux-ci pouvaient donc suivre le gibier lancé sur leur fief comme
« aurait pu le faire le roi, c'est-à-dire partout. Mais cette licence n'était accordée
« d'abord qu'aux seuls possesseurs de fiefs ; elle n'avait lieu que pour la grande
« chasse, la chasse noble, la chasse à cor et à cri ; mais dès qu'on employait le fusil
« pour raccourcir l'animal de meute, dès qu'on commençait, comme on dit en véné-
« rie, à découpler le quatrième relai, le droit de suite n'avait plus lieu ; le gentil-
« homme qui possédait une terre ne constituant pas un fief, n'avait pas le droit de
« suite. Ainsi la chasse du petit propriétaire, celle que nous faisons quand il nous
« arrive de lancer un lièvre avec quelques beagles ou quelques bassets et que nous
« allons nous embusquer au coin d'une haie pour le fusiller au passage, n'autorisait
« en aucune manière le droit de suite. Celui qui se livrait à cet exercice, en sortant
« de ses limites, dit Le Verrier de La Conterie, s'exposait à de graves désagréments
« et même à la perte de sa liberté. Voilà ce qu'était ce système tant réclamé de nos
« jours, un privilége accordé au seul possesseur de fief et seulement quand il chas-
« sait à cor et à cri. Maintenant, que les veneurs mettent la main sur leur conscience
« et disent si ce régime leur semble préférable à celui sous lequel nous vivons !

J'ajouterai, pour compléter la pensée si judicieuse de M. Joseph Lavallée,
que, même à l'égard des seigneurs et gentilshommes, il y avait, dans les
ordonnances qui réglementaient le fait des chasses, certaines dispositions
qui défendaient le passage des chiens et chevaux sur les terres ensemen-
cées, à peine de tous dépens et dommages-intérêts des laboureurs et propriétaires, et que, dès lors, le droit de suite devait se trouver forcément
entravé une bonne partie de l'année.

Voyons maintenant, ce qu'est devenu ce droit depuis 1789 : et quelles
conditions la loi du 3 mai 1844 a imposées à son égard ?

CHAPITRE II

XIV. — La nuit du 4 août 1789, si fatale à tout ce qui se ressentait de la féodalité, n'épargna point davantage le droit de chasse. Dans sa fameuse séance aux flambeaux, l'Assemblée nationale, après avoir proclamé que les attributs seigneuriaux étaient la ruine de l'agriculture et la désolation des campagnes, décréta, en principe, la suppression du droit exclusif de chasse, et, trois jours après, elle adoptait, à une grande majorité, l'article ainsi conçu :

« Le droit exclusif de la chasse et des garennes ouvertes est aboli, et tout proprié-
« taire a le droit de détruire et de faire détruire, *seulement sur ses possessions*, toute
« espèce de gibier, sauf à se conformer aux lois de police qui pourront être faites
« relativement à la sûreté publique. »

L'année suivante, la loi sur la chasse fut mise à l'ordre du jour de la séance du 20 avril 1790, et MERLIN, nommé rapporteur par le comité de féodalité, s'exprimait en ces termes :

« Le privilége exclusif de la chasse a été supprimé par l'art. 3 des décrets du 4
« août, et le droit de détruire, sur ses possessions seulement, a été rendu à tout pro-
« priétaire, à la charge cependant de se conformer aux règlements qui seraient établis.
« Par un abus très-répréhensible, la chasse est devenue une source de désordre qui,
« s'ils se prolongeaient, pourraient être très-funestes aux récoltes. Tel est le point
« d'où le comité est parti : il est bien loin de regarder comme parfait le plan qu'il
« vous propose; mais les bases sur cette matière ne sont pas encore déterminées. »

Alors ROBESPIERRE, s'élançant à la tribune, s'écrie :

« Je m'élève contre le principe qui restreint le droit de chasse aux propriétaires
« seulement, je soutiens que la chasse n'est point une faculté qui dérive de la pro-
« priété. Aussitôt après la dépouille de la superficie de la terre, la chasse doit être
« libre à tout citoyen indistinctement. Dans tous les cas, les bêtes fauves appartien-
« nent au premier occupant. Je réclame donc la liberté illimitée de la chasse, en pre-
« nant toutefois les mesures pour la conservation des récoltes et pour la sûreté pu-
« blique. »

C'eût été, comme on le voit, passer d'un extrême à un autre. Mais l'Assemblée nationale ne se laissa point entraîner par cette argumentation, que Merlin, du reste, fut le premier à combattre :

« On a raison de dire, ajouta-t-il, que par le droit naturel, le gibier n'appartient à
« personne : mais s'ensuit-il que tout le monde ait le droit de le poursuivre partout ?
« Autant vaudrait dire qu'on a le droit de venir chercher chez vous les animaux mal-
« faisants qui infestent vos maisons. Une autre considération doit fixer vos regards :
« vous devez faire des lois, non pour l'homme de la nature, mais pour l'homme de la

« société. Deux principes sont reconnus par les lois romaines : 1° le gibier est la pro-
« priété de celui qui s'en empare ; 2° *chacun a le droit d'empêcher un étranger d'en-*
« *trer sur sa propriété pour chasser le gibier.* La loi qui n'aurait pas le droit d'autori-
« ser un propriétaire à empêcher qu'on ne vînt sur son terrain, n'aurait pas davan-
« tage le droit d'assurer les propriétés. Vous voulez faire fleurir l'agriculture : pensez-
« vous qu'elle fleurira quand tous les vagabonds auront droit de chasse ? Le séjour de
« la campagne sera-t-il agréable lorsqu'il ne sera pas sûr ?

XV. — De cette discussion sortit la loi du 30 avril 1790, dont l'article
1er est ainsi conçu :

« Il est défendu à toutes personnes de chasser, en quelque temps et de quelque
« manière que ce soit, *sur le terrain d'autrui, sans son consentement,* à peine de vingt
« livres d'amende envers la commune du lieu et d'une indemnité de dix livres envers
« le propriétaire des fruits, sans préjudice de plus grands dommages-intérêts, s'il y
« échoit. »

XVI. — Cette loi est entièrement muette sur le *droit de suite*; mais l'ex-
clusion d'un pareil droit était évidemment dans son esprit, puisque, ainsi
que le font remarquer Toullier (1) et M. Petit (2), personne n'a le droit
d'entrer sur le terrain d'autrui sans le consentement du propriétaire.

Aussi la Cour de Rouen décidait-elle, par arrêt du 20 octobre 1825 (3),
que le chasseur qui avait blessé une pièce de gibier sur un terrain où il
avait le droit de chasse, ne pouvait le poursuivre ni le faire prendre par son
chien sur un fonds appartenant à autrui.

Mais il n'en était pas de même si le gibier avait été blessé mortellement :

En effet, la Cour d'Amiens jugea le 17 janvier 1842, que le fait de s'être
introduit, sans armes, sur le terrain d'autrui, pour ramasser un lièvre mortellement blessé, ne constituait pas un délit de chasse sur le terrain d'autrui (4).

D'un autre côté, le décret du 19 pluviôse an V, modifia les dispositions
générales de la loi du 30 avril 1790, en ce qui concerne spécialement la
chasse des animaux nuisibles.

En conséquence, il a été jugé, avec raison, par le tribunal de Nevers, le
19 décembre 1836 (5), et par le tribunal de La Rochelle, le 28 septembre
1837 (6), que celui qui poursuivait sur le terrain d'autrui un animal nui-
sible et malfaisant, ne commettait point un délit de chasse.

Tel était l'état de la jurisprudence quand il fut question de la loi du
3 mai 1844.

(1) *Le Droit civil Français*, t. IV, n° 20.
(2) *Traité complet du Droit de Chasse*, édition de 1838, t. Ier, p. 7.
(3) *Journal du Palais*, 3e édition, année 1825, p. 913.
(4) *Journal des Chasseurs*, 6e année, p. 272.
(5) *Journal des Chasseurs*, 1re année, p. 153.
(6) *Journal des Chasseurs*, 2e année, p. 33.

CHAPITRE III

DU DROIT DE SUITE SOUS L'EMPIRE DE LA LOI DU 3 MAI 1844.

§ Ier.—*Législation*.

XVII. — Le projet de cette loi, préparé par le gouvernement, examiné par le Conseil d'État, fut présenté, pour la première fois, à la Chambre des Pairs, le 17 avril 1843, par le Ministre de la justice.

Aucune de ses dispositions n'avait trait, soit au droit de suite proprement dit, soit au passage des chiens sur la propriété d'autrui. Il y était dit seulement, que quiconque chasserait sur le terrain d'autrui sans son consentement, serait condamné à une amende de 50 à 100 francs.

Mais lorsque, plusieurs mois après, le même projet fut soumis à la discussion de la Chambre des Députés, M. PELTEREAU-VILLENEUVE proposa un amendement ainsi conçu :

« Toutefois les propriétaires ou leurs ayants-droit, dont les chiens, courant à la « suite d'un gibier lancé sur leurs propriétés, traverseront l'héritage d'autrui sans « son consentement, ne *seront point considérés comme délinquants,* sauf tous domma- « ges-intérêts pour les dégâts causés aux héritages traversés par les chiens. »

Et l'auteur de cet amendement s'exprimait ainsi :

« Maintenant que vous avez consacré deux modes de chasse, la chasse à courre et la chasse à tir, il s'agit de savoir si, quand vous donnez cette faculté d'une main, vous voulez la retirer de l'autre.

« Quand vous donnez la faculté de chasser à courre, il s'agit de savoir si vos dispositions pénales ne viendront pas la détruire....

« La jurisprudence d'aujourd'hui, dans laquelle il y a cependant quelque divergence, est qu'un chien de chasse, non suivi de son chasseur, lorsqu'il a quitté son maître pour traverser la propriété d'autrui, constitue celui-ci dans un état de délit de chasse.

« Le ministère public n'applique qu'avec une extrême répugnance la loi de 1790 en pareille matière, car il est évident que le propriétaire du chien, quand il a respecté les limites de la propriété d'autrui, n'a jamais voulu commettre un délit.

« Nous faisons une loi règlementaire en matière de chasse; eh bien, si nous devons maintenir la législation de 1790, dans ce qu'elle a de parfaitement convenable, de conforme à nos mœurs, à nos habitudes, je vous demande si, sérieusement, vous voulez maintenir ce qui a fait doute dans la jurisprudence, ce qui inspire de la répugnance aux magistrats, ce qui est contraire aux dispositions de l'art. 9. » ......

M. le marquis DE LANGLE, député du Finistère, combattit l'amendement en prétendant que c'était l'organisation du braconnage en grand, loyalement, sincèrement.

« Ce braconnage, a-t-il ajouté, est, du reste, très-usité dans plusieurs localités. Il consiste à lancer des chiens sur le terrain d'autrui pour en faire partir le gibier et pour le chasser ensuite à son aise. »

UN MEMBRE. — Ce n'est pas le cas.

M. DE LANGLE. — C'est un abus, Messieurs, un abus très-fréquent. C'est un abus qu'on pourrait renouveler tant qu'on le voudrait. C'est pour cela que je ne veux pas de l'amendement de M. Peltereau-Villeneuve......

M. DELESPAUL. — Il y a quelques jours, on me faisait la guerre parce que je proposais de laisser sortir de son tombeau un mode de chasse qui fut très-usité jadis et que l'on s'efforce de remettre en honneur aujourd'hui.......

PLUSIEURS VOIX. — La chasse au faucon !

M. DELESPAUL. — Je viens aujourd'hui, Messieurs, vous demander grâce pour une autre chasse : la chasse aux chiens courants. Serai-je plus heureux que l'autre jour? Je le souhaite plus que je ne l'espère.

La chasse aux chiens courants est reconnue positivement par votre projet de loi; vous l'y avez inscrite. Dès lors serait-il juste de refuser à ce mode de chasse les conditions nécessaires à son existence? serait-il juste d'ouvrir la porte d'une main et de la tenir fermée de l'autre? C'est à quoi vous arriveriez si vous repoussiez l'amendement de notre honorable collègue M. Peltereau-Villeneuve. L'adoption ou le rejet de cet amendement, c'est la vie ou la mort pour la chasse aux chiens courants et peut-être du projet de loi tout entier......

(C'est vrai! c'est vrai!...)

Que vous demande M. Peltereau-Villeneuve? Il vous demande que les propriétaires dont les chiens auront traversé l'héritage d'autrui à la poursuite d'une pièce de gibier, ne soient exposés qu'à une seule chose, c'est-à-dire à une action en dommages-intérêts de la part du propriétaire lésé, à cette action que les Romains appelaient noxale : *ob noxam*. Je vous avais proposé l'autre jour d'ajouter ceci : « Toutefois le proprié-« taire du champ traversé aura la faculté de faire rompre les chiens sur son terrain. » Cette addition me paraît bonne à maintenir.

Savez-vous ce qui fait tort dans beaucoup d'esprits à la proposition de notre honorable collègue ?

On dit : Mais M. Peltereau-Villeneuve, quel intérêt défendez vous là ? La chasse aux chiens courants est l'apanage d'un très-petit nombre de grands propriétaires ; votre amendement, Monsieur, est très-aristocratique... (On rit.)

M. PELTEREAU-VILLENEUVE. — C'est tout le contraire.

M. DELESPAUL. — C'est tout le contraire; votre amendement est dans l'intérêt de la classe moyenne des propriétaires fonciers. En effet, supposez un propriétaire de deux mille hectares de terrain clos de murs, celui-là s'inquiètera peu de la loi; il sait qu'il n'a pas à craindre de *débûchés*. Mais le propriétaire moindre, celui qui ne possède pas comme le premier d'immenses héritages, celui qui n'a pas une meute à son service, mais trois ou quatre chiens bassets seulement, celui-là vous allez l'empêcher de se livrer au plaisir de la chasse à courre, parce qu'il aura toujours à craindre de ne pouvoir forcer un animal sur son terrain sans en sortir et, par conséquent, sans s'exposer à des procès-verbaux, à des amendes qui pourraient devenir ruineuses.

On se récrie et l'on me dit : Mais l'agriculture ! L'agriculture, Messieurs, est-elle intéressée à ce que la chasse à courre soit maintenue? (Bruyantes dénégations.) Je vais le prouver.

Le loup est l'ennemi des moutons, le sanglier est l'ennemi des moissons : la chasse à courre en débarrasse nos campagnes. Il n'en est pas de plus utile, de plus indispensable pour la destruction des bêtes fauves, des bêtes nuisibles.

La chasse à courre est favorable à l'agriculture sous un autre rapport : elle sert d'excitation et d'encouragement à nos éleveurs de chevaux pour la cavalerie légère ;

elle entretient le goût des chevaux qui tend à tomber en France, par conséquent, en maintient le prix et peut permettre à notre pays de cesser d'être tributaire de l'étranger pour ce genre de commerce. Vous voyez donc bien que cette chasse est nationale, populaire et pas du tout empreinte de ce vernis d'aristocratie qui tendrait à jeter tant de défaveur sur elle.

Et puisque vous avez inscrit dans votre loi la chasse aux chiens courants, veuillez être logiques, veuillez être conséquents avec vous-mêmes, en lui permettant de vivre. Ce ne serait pas le lui permettre que de placer le chasseur dans cette alternative : ou de s'abstenir de chasser, s'il ne possède pas douze ou quinze cents hectares de terrain entourés de murailles, ou de s'exposer, en chassant, à voir fondre sur lui une grêle de procès-verbaux et d'amendes, sous le poids desquels il succomberait. (Oui, oui !)

Ne repoussez donc pas l'amendement de l'honorable **M. Peltereau - Villeneuve**, ne détruisez pas d'une main ce que vous venez d'édifier de l'autre; vous reconnaissez le principe et vous refuseriez les conséquences! Cela ne se peut pas, cela serait contraire à toutes les lois de la logique, qui disent que donner et retenir ne vaut.

Je m'associe donc pleinement aux considérations que vous a présentées et si bien développées **M. Peltereau-Villeneuve**; son amendement est utile, il est nécessaire, il est juste, il doit être adopté.

XVIII. — Malgré cette vigoureuse argumentation, l'amendement fut rejeté; mais le lendemain, au début de la séance, le président de la Chambre des Députés annonça que **M. de Morny** venait de déposer le sous-amendement suivant :

« *Pourra ne pas être considéré comme délit de chasse*, le fait du passage des chiens « courants sur l'héritage d'autrui, lorsque ces chiens seront à la suite d'un gibier lancé « sur la propriété de leurs maîtres, sauf l'action civile, s'il y a lieu, en cas de dom- « mage. »

M. de Morny le développa en ces termes :

Il m'a paru que la Chambre voulait faire une loi pour la chasse et non contre la chasse. Eh bien! le rejet de l'amendement de **M.** Peltereau et le maintien de toutes les dispositions actuelles, supprimeraient complétement la chasse à courre... Je ne pense pas que ce soit l'intention de la Chambre.

Et, après avoir de nouveau énuméré les avantages que présente cette chasse, l'orateur continue :

On se trouve placé entre deux écueils : d'une part, l'écueil d'interdire complétement la chasse à courre, c'est-à-dire d'exciter la cupidité des petits propriétaires et de convertir forcément en délit le passage des chiens sur l'héritage d'autrui, de façon qu'une chasse à courre serait devenue d'une telle cherté, qu'elle serait complétement impossible. En effet, remarquez que, lorsque les chiens, emportés à la suite d'un gibier, traversent plusieurs petites propriétés, si leur passage sur chacune de ces propriétés constitue un délit de chasse, les amendes seraient telles qu'il deviendrait impossible de chasser à courre en France.

D'un autre côté, **M.** Peltereau reconnaîtra, comme moi, que son amendement avait quelque chose de trop positif, puisqu'il constituait un autre droit, celui de passage sur la propriété d'autrui sans qu'il pût en résulter le caractère d'un délit.

Pour sortir de cette difficulté, pour éviter chacun de ces deux écueils, il me semble que la Chambre n'a rien de mieux à faire que d'adopter l'amendement que j'ai l'honneur de lui proposer.

M. Lenoble, rapporteur :

« ..... L'amendement de l'honorable M. de Morny pose un principe que la Com-
« mission n'a jamais contesté, c'est qu'un fait qui a l'apparence d'un délit peut n'en
« être pas un ; que, dès lors, il y a nécessité d'examen ; en cela, il diffère de celui de
« M. Peltereau, qui proposait de décider législativement la question. Dès l'instant où
« l'examen des faits, l'appréciation du droit sont remis aux tribunaux, la Commission
« n'a aucune objection à présenter et elle accepte l'amendement de M. de Morny,
« (Bien ! bien ! »)

M. Dessaigne. — Je demande la suppression du mot *courant*. Dans les départements où les propriétés sont étendues, je comprends l'exception que l'on veut accorder par l'amendement qui vous est proposé : cet amendement me paraît juste et je
suis disposé à l'accepter ; mais pour les départements où la propriété est infiniment
morcelée, où la chasse au chien courant est seulement la chasse exceptionnelle, où la
chasse habituelle, celle qui est exercée par la classe moyenne, se fait habituellement
au chien d'arrêt ; là où les propriétés sont infiniment morcelées, il peut arriver que
le chien d'arrêt fasse partir, sur la limite extrême de la propriété, une pièce de gibier,
et qu'il ne dépende pas du chasseur, malgré ses efforts, malgré sa volonté de retenir
immédiatement son chien, de lui faire abandonner la poursuite, de le faire rentrer sur
sa propriété.

Je ne voudrais pas que, par l'expression *chiens courants*, on frappât la chasse au
chien d'arrêt et qu'on la plaçât dans une position plus rigoureuse que celle des chiens
courants. Je demande qu'on supprime le mot *courant*.

M. Hébert. — Je trouve l'amendement de M. de Morny parfaitement raisonnable :
je trouve la modification demandée par M. Dessaigne fort dangereuse : je combats
la modification et j'appuie l'amendement.

M. Dessaigne, en demandant la suppression du mot *courant*, veut que l'amendement de M. de Morny s'applique à toutes espèces de chiens de chasse, aux chiens
d'arrêt ou couchants comme aux chiens courants ; c'est-à-dire qu'avec l'amendement tel qu'il serait rédigé d'après la proposition de M. Dessaigne, le braconnage se
trouverait autorisé. (Oui ! oui !) Voilà ce qui est certain pour quiconque a quelques
notions habituelles de la chasse, non-seulement dans telle ou telle partie de la France,
mais dans toute la France.

M. Dessaigne vous disait tout à l'heure : « Vous favorisez la chasse à courre seu-
« lement, parce que ce n'est que dans les départements de grande culture que la chasse
« aux chiens courants a lieu. »

M. Dessaigne se trompe : la chasse aux chiens courants se fait dans les bois, et,
par conséquent, dans presque toutes les parties de la France. Le chien courant
chasse dans les bois par un instinct qui l'entraîne ; on ne peut le rappeler comme le
chien d'arrêt, qui revient toujours à l'appel de son maître. Voilà pourquoi on ne veut
pas que le maître du chien courant soit en délit, s'il n'a pu arrêter son chien. Mais
quant au chien d'arrêt, qui chasse sous le fusil, qui répond à l'appel du chasseur, on
peut l'arrêter, et voilà pourquoi il faut écarter la modification de M. Dessaigne et
adopter l'amendement de M. de Morny.

En effet, les choses eurent lieu ainsi : l'amendement de M. de Morny fut
adopté et celui de M. Dessaigne rejeté.

XIX. — Le 16 mars 1844, l'article 11 § 5, ainsi modifié, fut de nouveau
soumis à l'examen de la Cour des Pairs.

Et M. Frank-Carré déposa un rapport, dont j'extrais le passage suivant :

« Le projet déclare que le fait du passage des chiens courants sur l'héritage d'autrui, *pourra* ne pas être considéré comme délit de chasse, lorsque ces chiens seront

à la suite d'un gibier lancé sur la propriété de leurs maîtres, sauf l'action civile, s'il y a lieu, en cas de dommage. Il résulterait de cette rédaction que le fait spécifié dans cet article serait, en général, un délit, et que les circonstances laissées à l'entière appréciation des tribunaux, pourraient seules lui faire perdre ce caractère. Votre Commission ne peut approuver une telle disposition. »

Conformément à cette déclaration, l'honorable rapporteur remit, à la séance du 28 mars, au nom de la Commission, un amendement par lequel il demanda le remplacement du mot *pourra* par le mot *sera* :

Vous avez, a-t-il dit, fait résulter du permis de chasse deux droits, vous avez légitimé deux modes d'exercice de la chasse : la chasse à tir et la chasse à courre. Eh bien! tous ceux qui se sont occupés de la chasse, savent que dans la chasse à courre le chasseur n'est pas maître de ses chiens ; qu'une fois le gibier lancé, la meute ou le chien suit le gibier, sans que le chasseur puisse s'y opposer ; et que si le gibier va sur le terrain d'autrui, le chien l'y suit. Pouvez-vous alors dire que le fait du passage du chien sur ce terrain sera un délit? Remarquez que le chasseur ne suit pas le chien ; que ni le projet du Gouvernement, ni l'amendement de la Commission ne supposent le passage du chasseur sur le terrain d'autrui : évidemment, ou vous supprimez la chasse à courre, ou vous êtes obligés de reconnaître qu'il n'y a pas un délit dans ce cas-là. L'article du projet suffit-il pour exprimer cette pensée? Nous ne l'avons pas cru. Le projet dit : «*Pourra* ne pas être considéré comme un délit...» etc. Qui est-ce qui sera juge? On répond : Ce sont les tribunaux. — Les tribunaux ne peuvent pas accepter une telle appréciation ; vous pouvez, assurément, renvoyer aux tribunaux une question qui porte sur des circonstances aggravantes ou atténuantes, sur le plus ou moins de gravité d'une action ; mais quand il s'agit de savoir si un fait est un délit ou n'en est pas un, le tribunal ne peut pas être investi d'une telle appréciation ; c'est à la loi seule qu'il appartient de déterminer le caractère légal des faits. Il faut que la loi dise : Tel fait est un délit ou n'en est pas un. Il ne peut appartenir aux tribunaux, d'après des circonstances parfaitement vagues et indéterminées, de déclarer que le fait est ou n'est pas un délit.

Il faut donc que vous mettiez dans la loi que le fait du passage des chiens courants sera toujours un délit, ou que ce ne sera jamais un délit.

Or, vous ne pouvez pas dire que ce sera toujours un délit ; car vous enlèveriez ainsi d'une main ce que vous avez accordé de l'autre ; vous supprimeriez la chasse à courre.

Il faut donc, de toute nécessité, dire que cela ne sera pas un délit.

Encore une seule observation et j'ai fini.

Cette observation est celle-ci : Il ne faut pas confondre le droit conféré par notre amendement avec le *Droit de suite*.

Sur le droit de suite on pourrait longuement discuter. Le droit de suite comprend, non pas seulement le fait de la suite par les chiens, mais le fait de la suite par la chasse tout entière, par le chasseur lui-même; le droit donné au chasseur de suivre les chiens qui sont à la poursuite du gibier lancé.

Nous n'avons pas voulu nous expliquer sur ce droit, le reconnaître ou le nier. La jurisprudence est fort controversée sur ce point. Nous avons voulu le laisser à son appréciation.

Mais il s'agit ainsi ici, non pas du passage du chasseur sur le terrain d'autrui, mais du simple passage des chiens ; c'est-à-dire d'un fait indépendant de la volonté du chasseur.

Dans cette circonstance, il nous paraît impossible de laisser à l'appréciation des tribunaux un fait qui n'est pas dans leur compétence, parce qu'il ne leur appartient pas de déterminer le caractère légal des actions humaines. C'est à la loi à le faire.

Nous avons donc proposé de dire : « Le passage du chien courant ne sera pas con-
« sidéré comme un délit, etc.; c'est-à-dire, en définitive, la chasse à courre ne sera
« pas considérée comme un délit...... »

M. le duc Decazes. — La chasseur peut-il passer sur le terrain d'autrui?

M. le Rapporteur. — Non, du tout !

M. le duc Decazes. — L'article ne le dit pas.

M. le Rapporteur. — Pardon ! le paragraphe est ainsi conçu : « Ceux qui auront
« chassé sur le terrain d'autrui sans le consentement du propriétaire. »

M. le Garde des Sceaux (*Martin du Nord*) : Il est bien entendu que si le chasseur
entre sur la propriété d'autrui, il *commettra un délit*.

M. le Président. — Il commettra un délit en vertu du paragraphe que la chambre
vient de voter.

Après quelques observations d'une autre nature, l'amendement de la
commission fut mis aux voix et rejeté.

Dès lors le paragraphe 5 de l'art. 11, resta ce qu'il est aujourd'hui.

XX. — En présence du texte de ce paragraphe, en présence surtout des
explications qui ont précédé son adoption, tant à la Chambre des Pairs qu'à
la Chambre des Députés, il serait impossible de soutenir que le *droit de
suite* existe aujourd'hui. Aussi, allons-nous voir la doctrine et la jurisprudence adopter les mêmes principes à cet égard.

§ 2ᵐᵉ. — *Doctrine.*

XXI. — Tous les auteurs qui ont écrit sur la loi du 3 mai 1844, recon-
naissent que le *Droit de suite* n'a point été consacré par cette loi.

« Il ne pouvait pas l'être, disent MM. Joseph Lavallée et Léon Bertrand (1) :
« chaque propriétaire, en France, est maître absolu de son bien : il en peut interdire
« l'accès à qui bon lui semble; et le roi, lui-même, n'a pas le droit de traverser une
« pièce de terre contre la volonté de celui à qui elle appartient. Il ne pouvait donc
« entrer dans l'esprit de personne de demander le *droit de suite* tel que le définissait
« Pothier (*V. ci-dessus n° XI*). Cette règle n'existe plus et le respect que nos lois pro-
« fessent pour le droit du propriétaire ne permet pas de la rétablir.»

Suivant MM. Gillon et G. de Villepin (2), il ne faut pas confondre l'exception facultative pour le juge, établie en ce qui concerne le passage des
chiens courants sur le terrain d'autrui, avec le *droit de suite proprement
dit* en matière de chasse.

« Cette exception, ajoute **M. Petit** (3), faite dans l'intérêt de la chasse à courre,
« doit être rigoureusement restreinte dans ses limites. Il faut surtout ne pas oublier
« qu'elle ne s'applique qu'au fait du passage de chiens courants. »

(1) *Vade mecum du Chasseur*, Paris. 1844, 3ᵉ édition, p. 108.
(2) *Nouveau Code des Chasses*, Paris, 1851, p. 247.
(3) *Traité complet du Droit de chasse*, t. III, p. 122, édition de 1844.

Cette opinion est partagée par M. BERRIAT-SAINT-PRIX (1), ainsi que par MM. CAMUSAT-BUSSEROLLES (2), PERRÈVE (3) et CHARDON (4).

Ce dernier s'exprime ainsi :

« La question sur le *Droit de suite*, qui comprend non-seulement le fait de la suite « par les chiens, mais de la suite par la chasse tout entière, a été soulevée par la « Chambre des Pairs, et il résulte des explications qui ont eu lieu, que si le *Droit* « *de suite* n'est pas *textuellement* aboli, la loi a consacré des principes d'après lesquels « il n'est plus permis de le reconnaître. »

A ces auteurs viennent se joindre MM. DALLOZ (5), DUVERGIER (6), CHAMPIONNIÈRE (7), POULLAIN (8), LOISEAU ET VERGÉ (9), et CIVAL (10).

§ 3. — *Jurisprudence.*

XXII. — La loi, en conférant aux tribunaux le droit d'apprécier souverainement les circonstances qui ont pu motiver le passage des chiens sur le terrain d'autrui, réduit chaque procès de ce genre à une véritable *question de fait.*

Toutefois, il est un principe généralement admis, c'est que le maître des chiens doit toujours être présumé n'avoir pu les *rompre* à temps ou avoir fait à cet égard des efforts infructueux.

En conséquence, s'il était matériellement établi que, par négligence ou par tactique, il a laissé ses chiens s'engager sur le terrain d'autrui, sans rien faire pour les rappeler, il ne devra plus bénéficier de l'article XI, § 5, alors même qu'il serait resté en personne sur son propre domaine.

C'est ce qu'a décidé, notamment, la Cour de Rouen, le 10 février 1854, par arrêt ainsi conçu : (11)

La Cour :

« Attendu que des dépositions des témoins produits surabondamment à l'appui du procès-verbal, il résulte que le premier décembre dernier, le sieur de Bouelle, accompagné de Darly, son garde, s'est livré à la chasse à courre avec une meute de sept ou huit chiens ; qu'après avoir traversé quelques héritages situés sur la commune de

---

(1) *Législation de la chasse et de la louveterie.* — Paris, 1845, p. 137.

(2) *Code de la Police de la chasse.* — Paris 1844, p. 119 et suiv.

(3) *Traité des délits et des peines de chasse.* — Bourges, 1844, p. 300.

(4) *Le Droit de chasse français.* — Paris, 1845, p. 179.

(5) *Jurisprudence générale.* — V° chasse, n° 265.

(6) *Code de la Chasse.* — Paris, 1844, p. 61.

(7) *Manuel du Chasseur.* — Paris, 1844, p. 115.

(8) *Nouveau Code de la chasse.* — Rouen, 1844, p. 56.

(9) *Nouveau Compendium des chasseurs.* — Paris, 1845, p. 41.

(10) *Loi sur la police de la chasse,* annotée. — Paris, 1852, p. 66.

(11) *Journal du Palais,* 1854, 1, 318.

Neuville, un lièvre, lancé non loin de la demeure du sieur de Bouelle, s'est dirigé dans sa course vers les terres des sieurs Priest, Barbey-Duseuil et Gervais.

« Que les chiens ont été mis en défaut sur la terre du sieur Barbey-Duseuil où le sieur Gervais a droit de chasse; qu'après avoir quêté par ce terrain pendant dix minutes, ils sont entrés sur celui du sieur Gervais; qu'ils ont continué à y chercher leur gibier, tout en chassant mollement; qu'ils sont restés ainsi sur cette terre, la parcourant en tous sens, pendant près d'une demi-heure et jusqu'à ce qu'un lièvre en soit parti, les mit sur sa voie et leur fît prendre une autre direction.

« Attendu qu'il est constant que, pendant tout le temps que la meute du sieur de Bouelle est restée sur l'héritage du sieur Gervais, ledit sieur de Bouelle se tenait avec son garde au sommet d'une colline qui domine la plaine; qu'ils y stationnaient, voyaient et regardaient de là les évolutions et la quête des chiens et du gibier qui fut perdu et retrouvé deux fois sur la propriété du sieur Gervais ;

« Attendu que le sieur de Bouelle n'a rien fait pour rompre ses chiens ou les rappeler ;

« Que c'est à son vu et su qu'ils se sont introduits sur le fonds du sieur Gervais, qu'ils y ont stationné et s'y sont mis en quête du gibier.

« Attendu qu'il est de principe, qu'en matière de chasse, nul n'a le droit de faire ou de laisser passer ses chiens sur l'héritage d'autrui lorsqu'il peut l'empêcher;

« Que si l'art. 11 de la loi du 3 mai 1844, autorise les tribunaux à ne pas considérer comme délit de chasse le passage des chiens courants sur la terre d'autrui, lorsque ces chiens étaient à la suite d'un gibier lancé sur la propriété de leur maître, ce ne peut être que lorsqu'il apparaît qu'il y avait, de la part du chasseur, impossibilité de s'opposer au passage des chiens, soit parce que, en raison des distances, ils n'eussent pu entendre les cris ou les sons du rappel, soit pour toute autre cause. Ce qui ne se rencontre pas dans l'espèce ;

« Que cet article 11, sainement entendu, n'a point donné au chasseur le droit absolu de laisser pénétrer en tout temps, et en toute circonstance, ses chiens courants sur la propriété d'autrui ;

« Que le fait du passage n'est dénué de tout caractère de délit qu'autant qu'il a été impossible d'arrêter l'ardeur des chiens à la suite du gibier, ou encore lorsque ces chiens ont passé rapidement sur le fonds en poursuivant le gibier qui fuyait devant eux:

« Mais qu'il n'en peut être de même lorsque, étant en défaut, ils y stationnent, quêtent pendant un temps plus ou moins long, se mettent à la recherche du gibier et peuvent ainsi en faire lever un autre que celui qu'ils ont attaqué ;

« Que dans ce cas, il y a fait de chasse prohibé, si le propriétaire du chien pouvant les empêcher de chasser ne les fait pas rompre et ne les rappelle pas.

« Attendu qu'il est acquis aux débats que le sieur de Bouelle dominait la plaine et que du lieu élevé où il stationnait avec son garde, il pouvait voir et voyait réellement ses chiens quêtant sur la terre du sieur Gervais ; qu'il n'a pas fait ce qui dépendait de lui pour les retenir ou les empêcher, qu'il n'a pas tenté de les rompre, qu'il n'a même pas essayé de les rappeler alors cependant que son garde était muni d'un cor dont les sons eussent été inévitablement entendus à une distance plus grande que celle qui le séparait des chiens.

« Qu'ainsi, l'on ne saurait admettre que c'est contrairement à sa volonté que ses chiens ont passé sur l'héritage du plaignant et y ont stationné pendant environ une demi-heure ;

« Que dans ces circonstances, il y a lieu de regarder comme constant, que les chiens du sieur de Bouelle ne se sont pas bornés à passer sur l'héritage du sieur Gervais; mais qu'ils s'y sont arrêtés, y ont chassé et chassé longtemps sous les yeux de leur maître, qui, loin de les en empêcher, les a laissés s'y livrer à toute recherche de gibier déterminée par leur instinct.

« Que dès lors le fait reproché audit sieur de Bouelle réunit tous les caractères du délit de chasse sur le terrain d'autrui sans le consentement du propriétaire ;

« Condamne le sieur de Bouelle à 16 francs d'amende et 25 fr. de dommages-intérêts. »

XXIII. — Pour qu'il en soit ainsi, il faut, comme on le peut voir, que le maître du chien ait été, en quelque sorte, associé à la manœuvre de l'animal et qu'il ait cherché à en profiter.

Aussi, lors même qu'un chien se livrerait à la chasse sur le terrain d'autrui, si c'est à l'insu et contre la volonté de son maître, ce dernier ne sera coupable d'aucun délit : il aura seulement à répondre des dégâts que pourra causer l'animal emporté par son ardeur, responsabilité qui est spécialement régie par l'art. 1385 du Code Napoléon :

La cour de Nancy, cependant, avait posé en principe, le 4 décembre 1844, que celui qui parcourt en voiture une grande route et dont le chien levrier est trouvé en plaine, encourt les peines prononcées par l'art 12 § 2 de la loi du 3 mai 1844 (1).

Mais la cour de Cassation, par arrêt du 21 juillet 1855, décida au contraire : « Que si le maître d'un chien de chasse qui parcourt la campagne « en s'abandonnant à son instinct, est responsable, selon les art. 1385 et « 28 de la loi du 3 mai 1844, des dommages dont cet animal aura été la « cause, il ne saurait devenir ainsi coupable du délit que les art. 11 et 12 « de la même loi prévoient et punissent, quand il n'a point concouru per- « sonnellement à ce fait par un acte de sa volonté, en suivant lui-même son « chien ou en le faisant suivre afin de s'approprier le gibier qu'il poursui- « vra. »

La même cour, par décision du 20 novembre 1845, avait déjà jugé que le fait d'un chien levrier qui, guidé par son instinct, parcourait la campagne, ne suffisait pas pour constituer un délit de chasse imputable au maître de ce chien, lorsque d'ailleurs, il n'est pas établi qu'il ait volontairement employé l'animal à la poursuite du gibier (2).

Enfin, la Cour de Paris, par arrêt du 22 mars 1861, a appliqué les mêmes principes dans des circonstances qui méritent d'être rapportées.

Le 29 avril 1860, vers quatre heures du soir, M. Castelbon, receveur d'enregistrement à Mormant, se rendait, avec sa femme et ses deux enfants, à la fête d'Ozouer-le-Repos ; il était suivi d'un chien de race croisée, qui, bientôt, quitta la route et se mit à battre la plaine, où il rencontra un jeune levraut qu'il poursuivit et dont il s'empara.

Procès-verbal fut dressé contre M. Castelbon par le garde particulier de M. Duval, locataire de la chasse sur les terres où le chien s'était si joyeusement ébattu.

(1) *Journal du Palais*, 2, 416.
(2) *Journal du Palais*, 1845, 2, 721.

Saisi de la plainte, le Tribunal correctionnel de Melun rendit, le 14 août 1860, le jugement suivant :

« Le Tribunal,

« Attendu qu'il résulte des débats la preuve que, le 29 avril 1860, époque à laquelle la chasse était close, le sieur Castelbon, se rendant avec sa famille de Mormant à Ozouer-le-Repos, a laissé courir son chien dans la plaine dépendant de cette dernière commune ; que cet animal s'est mis à la poursuite d'une pièce de gibier qu'il a saisie et rapportée à son maître ; qu'il est bien vrai qu'un témoin, la fille Dumont, alors domestique de Castelbon, dit qu'il a rappelé son chien ; mais que ce témoignage est formellement contredit par Boin et la femme Thomas, qui l'auraient certainement entendu, puisqu'ils étaient à une très-petite distance de lui ;

« Que Castelbon a eu d'autant plus tort, qu'une demi-heure ou une heure auparavant il avait été prévenu par le garde-champêtre de Mormant que son chien était dans la plaine et dérangeait le gibier, et qu'ainsi il s'exposait à un procès-verbal ;

« Que, dans ces circonstances, il était du devoir du prévenu de tenir son chien en laisse ou de le surveiller tellement qu'il ne pût s'échapper et courir après le gibier.

« Qu'enfin, dans tous les cas, il aurait dû le rappeler, afin de l'empêcher de continuer la poursuite commencée ; que cette négligence de sa part annonce l'intention formelle de chasser au moyen de son chien, et que, par conséquent, en agissant ainsi, le prévenu a commis le double délit de chasse en temps prohibé sur le terrain d'autrui et sans le consentement du propriétaire, et causé au sieur Duval un préjudice pour lequel il est dû réparation ;

« Condamne Castelbon à 50 francs d'amende, à 10 francs de dommages-intérêts envers le demandeur et aux dépens. »

Appel a été interjeté de cette décision.

Devant la Cour, le sieur Castelbon expliquait qu'il ne chassait point et n'avait jamais pris de permis de chasse ; que le chien, à propos duquel il avait encouru une condamnation, n'était point un chien de chasse, mais bien un chien de garde, et que le jour où il s'était enfui dans la plaine, il avait fait tous ses efforts pour le rappeler, mais qu'il n'avait pu parvenir à s'en faire entendre ; qu'au surplus, il avait offert et offrait encore à M. Duval de l'indemniser de la valeur du levraut appréhendé par le chien aussi bien que tout autre dommage.

En présence de ces explications, la Cour rendit l'arrêt suivant :

« La Cour,

« Considérant qu'il ne résulte pas de l'instruction et des débats preuve suffisante que Castelbon, en laissant courir son chien dans la plaine d'Ozouer-le-Repos, ait eu *l'intention de chasser* ;

« Décharge Castelbon des condamnations contre lui prononcées ;

« Statuant au principal :

« Renvoie ledit Castelbon des fins de la poursuite. »

Le fait jouera donc encore un grand rôle dans ces sortes de procès. Quand le propriétaire d'un chien soutiendra qu'il n'avait point l'intention de chasser, les juges auront à rechercher quelles sont les habitudes du prévenu, quelle est la nature du chien, et, surtout, dans quelles circonstances la poursuite du gibier s'est accomplie. Car, on le comprend, il serait très-facile à un braconnier ou à tout autre chasseur de mauvais aloi, de lancer un chien sur la propriété d'autrui et d'avoir l'air de le rappeler, pour se mettre à l'abri de toute action. Il ne faut pas que de semblables ruses puissent réussir, et la perspicacité des juges saura bien les déjouer.

XXIV. — Il existe, surtout dans les campagnes, une déplorable habitude ; c'est de laisser les chiens quitter leur niche et errer à l'aventure, jusqu'à ce que la fatigue ou la faim les ramène au chenil. Or, la tendance toute naturelle des chiens de chasse, et même de ceux qui sont mâtinés, est de parcourir les plaines et les bois et d'y poursuivre le gibier.

Le propriétaire de ces plaines ou de ces bois n'a contre le maître du chien qu'une action en dommages-intérêts, ainsi que nous l'avons vu plus haut, et, comme le dommage réel est souvent inappréciable, on conçoit qu'une pareille action ne satisfasse pas complétement l'esprit. Aussi, bien des fois, s'est-on demandé si on n'avait pas le droit de tuer le chien qui venait ainsi détruire le gibier d'autrui ?

La question ainsi posée, je n'hésite pas à me prononcer pour la négative.

Je comprends à merveille qu'on tire sur un chien enragé ou qui menace de l'être ; j'admets encore que, si l'animal cherchait à mordre, on puisse le tuer, parce qu'en pareil cas on est en état de légitime défense, et qu'on ne peut avoir moins de droit à l'égard d'un animal qu'on n'en aurait à l'égard d'un homme. Mais je n'admets pas que le fait seul de voir le chien d'autrui attaquer sur ma propriété une pièce de gibier, puisse me donner le droit de le tuer. Ce n'est pas lui qui est fautif ; il obéit à son propre instinct, et la délimitation des domaines lui est parfaitement indifférente. Ce serait donc une sorte de barbarie que de sacrifier un animal en pareille circonstance. Mais si cette invasion se reproduisait fréquemment, il y a, suivant moi, un moyen d'atteindre le maître du chien et de lui intenter même une action correctionnelle. Ce moyen consiste à lui faire une sommation, par huissier, d'avoir à surveiller son chien à l'avenir, lui déclarant que, si le même chien est retrouvé chassant, sur la propriété d'autrui, on entend considérer ce fait comme volontaire de la part du maître. Ce dernier, alors, ne pourra plus prétendre que l'animal s'est échappé à son insu et qu'il n'a pu le retenir, puisqu'il était mis en demeure de le surveiller, et il est bien certain que les tribunaux useront de sévérité vis-à-vis du maître d'un chien si vagabond.

On peut également s'emparer du chien et le faire mettre en fourrière, jusqu'à ce qu'il soit réclamé à l'autorité administrative, et cette dernière peut alors prendre telle mesure qu'il lui plaira contre les animaux qu'elle considère comme errants.

XXV. — Nous venons de voir qu'une des obligations du chasseur était de rompre ses chiens quand ils entrent sur le terrain d'autrui. Eh bien ! je suppose qu'il ne veuille ou ne puisse le faire, et que le propriétaire du terrain soit présent à l'incursion des chiens, ce dernier aura-t-il le droit de les rompre lui-même? Cela me paraît incontestable, pourvu qu'il n'apporte dans ce fait aucune violence de nature à les blesser.

XXVI. — Cette obligation de rompre les chiens suppose évidemment qu'ils sont en action de chasse ; mais que doit-on décider quand ils traversent simplement le terrain d'autrui, derrière leur maître et sans se livrer à la moindre poursuite du gibier. Le maître doit-il les coupler ou les museler avant de franchir la ligne séparative des deux propriétés?

Cette question s'est présentée devant la Cour de Cassation le 26 juillet 1860, et elle a été résolue négativement (1). La Cour a décidé, à bon droit, « que ni l'article 11 de la loi du 3 mai 1844, ni aucun autre de la
« même loi, n'établit même par induction que, si les chiens-courants,
« en traversant la propriété d'autrui, ne chassent pas, en d'autres termes,
« ne se mettent ni à la poursuite ni à la quête du gibier, le maître qui les
« accompagne, sans faire lui-même acte de chasse, doive encourir les pei-
« nes de l'article 11, par cela seul que, ayant négligé *de les museler ou de*
« *les coupler*, il s'est exposé à ce qu'ils tombent en chasse et le cons-
« tituent, par suite, en état de délit : que c'est le fait de chasse et non sa
« probabilité ou son danger plus ou moins imminent que la loi du 3 mai
« 1844, entend réprimer. »

XXVII. — Une question, beaucoup plus délicate, a été agitée au sujet des piqueurs, ou *piqueux*, comme on dit dans le langage pratique de vénerie.

On s'est demandé si le piqueur commettait un délit de chasse quand il passait, avec les chiens, sur le terrain d'autrui?

La difficulté s'est présentée, une première fois, devant le tribunal correctionnel de Blois, le 27 mars 1846. On soutenait, au nom du piqueur, qu'il n'était, pour le maître d'équipage, qu'un instrument de chasse, aussi bien que la meute dont il faisait véritablement partie; qu'il devait, dès lors, être assimilé aux chiens et que son passage sur le terrain d'autrui pouvait ne constituer aucun délit. Le tribunal admit ce système, et renvoya le prévenu des fins de la plainte.

Une telle argumentation, suivant moi, péchait par sa base. En effet, on ne peut admettre qu'un piqueur, dont la mission est de diriger les chiens, agisse instinctivement comme les chiens eux-mêmes, et que l'ardeur de la poursuite du gibier puisse lui faire oublier les limites de la propriété de son maître. Or, ce que ce dernier doit faire, il faut que le piqueur le fasse aussi : il doit rompre les chiens, et si, au contraire, il les appuie, il viole

---

(1) *Recueil des arrêts de Sirey*, 1861, p. 468.

les dispositions de la loi. Aussi la Cour d'Orléans n'a-t-elle pas hésité à réformer la décision du tribunal de Blois, le 12 mai 1846, par un arrêt dont les termes me dispenseront de tout commentaire. Cet arrêt est ainsi conçu :

« Considérant que du procès-verbal régulièrement dressé, le 4 février 1846, par l'adjoint au maire de la commune d'Huison, sur le rapport de Boulard, garde particulier assermenté du sieur Zacbel-Desfrancs et des débats du procès, il résulte que ledit jour, 4 février dernier, les sieurs de Beaureuil et autres chassaient à courre dans la forêt domaniale de Boulogne, en vertu du droit de chasse qui leur a été loué par l'administration;

« Considérant que la meute de M. de Champgrand, conduite à cette chasse en l'absence de celui-ci, mais sur son ordre, par Paulard, son piqueur, après avoir lancé la bête dans la forêt de Boulogne, l'a poursuivie sur la propriété du sieur Desfrancs;

« Considérant que le sieur Paulard, suivant les chiens, soit pour les appuyer, soit pour les rabattre, a également traversé à cheval une pièce de bruyère dépendant de ladite propriété;

« Considérant, en droit, que si le passage des chiens sur le terrain d'autrui, ne constitue pas nécessairement le délit de chasse, lorsqu'il est indépendant de la volonté du maître, ce fait change de caractère lorsque le veneur, au lieu de s'arrêter sur la limite de son terrain, viole la propriété d'autrui en suivant ses chiens ou la trace du gibier; que dans ce cas, ce fait seul suffit pour constituer le délit de chasse, surtout lorsqu'il s'agit de chasse à courre.

« Que tel est le sens et l'objet du cinquième paragraphe de l'art. 11 de la loi du 3 mai 1844, qui n'a entendu excuser que le fait involontaire du passage des chiens sur le terrain d'autrui et non pas accorder au maître le droit de suivre, soit le gibier, soit les chiens lancés à sa poursuite;

« Considérant, d'une autre part, que le piqueur qui conduit les chiens et dirige la chasse dans l'intérêt ou pour le plaisir de son maître, est l'agent principal et le plus actif de la chasse; que, dans l'exercice de son emploi, il se livre nécessairement à un fait personnel de chasse, et est soumis dès lors à toutes les obligations du chasseur;

« Qu'ainsi, il ne peut chasser licitement si la chasse n'est pas ouverte, s'il n'est pas muni d'un permis de chasse et s'il n'a pas le consentement du propriétaire sur le terrain duquel il chasse;

« Que, s'il en était autrement, le grand propriétaire pourrait impunément, à l'aide de ses piqueurs, chasser à courre sur la propriété de ses voisins, y lancer ou y poursuivre le gibier et le ramener sur son domaine;

« Qu'il suffit d'énoncer les conséquences d'un tel abus pour démontrer que la loi n'a pas pu l'autoriser, et que la justice ne doit pas le tolérer;

« Par ces motifs,

« La Cour : Statuant sur l'appel interjeté par le sieur Zacbel-Desfrancs, réforme le jugement rendu par le tribunal de police correctionnelle de Blois, le 27 mars dernier;

En conséquence, condamne Paulard à 16 francs d'amende et à payer au sieur Zacbel-Desfrancs, la somme de 50 francs à titre de dommages-intérêts, etc.»

Le sieur Paulard déféra cet arrêt à la Cour de Cassation, qui rejeta son pourvoi, le 18 juillet 1846.

La même question fut soumise à l'appréciation du tribunal de Bordeaux, qui décida également, le 4 février 1849, que le passage du piqueur sur le terrain d'autrui constituait un délit de chasse, et que le maître d'équipage était responsable des condamnations civiles prononcées contre son piqueur.

Je n'ai pas eu sous les yeux le texte même de ce jugement; mais le compte rendu qui a paru dans le *Droit* du 10 février suivant, établit suffisamment que le piqueur continuait à appuyer les chiens. Car on se bornait à soutenir, comme devant la Cour d'Orléans, quil était l'accessoire obligé de la meute. « Il faut, disait-on, qu'il l'accompagne partout pour la guider, « l'encourager, la ramener. Séparer le piqueur de la meute, serait chose « impossible, dangereuse même ; car les chiens pourraient rencontrer le « bétail, l'effrayer, l'attaquer même, et occasionner des dégâts de toute « sorte, s'ils n'étaient retenus par l'intervention du piqueur. Celui-ci n'est « pas un chasseur. Il n'a, pour toute arme, qu'un fouet et un cor. »

On oubliait qu'un pareil raisonnement constituait une arme à deux tranchants. En effet, plus on vantait l'influence du piqueur sur la meute, plus on rendait vraisemblable sa culpabilité de n'avoir point cherché à rompre les chiens.

XXVII. — Toutefois, le fait seul du passage du piqueur sur le terrain d'autrui, ne suffit pas pour constituer le délit de chasse. Il faut qu'il soit établi que ce piqueur continuait à chasser, et la preuve incombe à celui qui le poursuit.

Or, les juges ont, à cet égard, un pouvoir de souveraine appréciation. C'est ce qui résulte d'un arrêt de Cassation rendu dans les circonstances suivantes :

Le 27 janvier 1860, le sieur Laguerre, garde particulier du marquis de Portes, dressait procès-verbal contre le sieur Rouzaud, piqueur de M. Arnaud, qu'il prétendait avoir surpris sur les terres du marquis de Portes, avec une meute de huit chiens. Traduit, à raison de ce fait, devant le tribunal correctionnel, et, plus tard, en appel, devant la Cour de Toulouse, le piqueur Rouzaud, sans méconnaître le fait du passage sur le terrain d'autrui, soutint qu'il n'était point en action de chasse au moment où il avait été vu par le garde.

La Cour de Toulouse décida, en effet, le 22 juin 1860, que le fait relevé par le procès-verbal n'était point délictueux, attendu que le gibier à la suite duquel se trouvait Rouzaud, avait été lancé de la propriété limitrophe de celle du marquis de Portes, et que le piqueur suivait *seulement* la meute.

M. le marquis de Portes se pourvut en Cassation; mais son pourvoi fut rejeté le 30 novembre 1860, par arrêt dont j'extrais le passage suivant :

« Attendu qu'en appréciant, après débats contradictoires, tous les élé-
« ments du procès, et déclarant, comme elle l'a fait, que le piqueur suivait
« seulement la meute, la Cour Impériale a implicitement déclaré qu'il
« n'était pas en action de chasse; que cette appréciation, fondée sur
« l'instruction et les débats, échappe au contrôle de la Cour de Cassation.»

On comprend en effet, comme le fait observer M. Dalloz (1861, I. 500),
« que le chasseur ait pu suivre ou faire suivre les chiens pour tenter de les
« rompre et pour ne pas discontinuer une surveillance à laquelle l'oblige
« son devoir de faire cesser le plus tôt possible un fait préjudiciable à autrui.
« Ainsi, suivant les circonstances, l'action de pénétrer sur le terrain d'au-
« trui, à la suite des chiens poursuivant le gibier, peut être reconnue exclu-
« sive de l'intention de chasser. »

XXVIII. — Ce que je viens de dire au sujet du *piqueur* ne saurait
s'appliquer au *valet de chiens*. Celui-ci, en effet, n'a d'autre fonction que
de soigner les animaux confiés à sa garde, et, comme le dit M. Joseph
Lavallée (1), s'il s'occupe uniquement de tenir les relais, de les découpler
quand l'ordre lui est donné, il ne fait pas plus acte de chasse que le domestique qui apprête un cheval de relais. Mais si, après avoir découplé ses
hardes, il entre sous bois pour les appuyer de la voix, alors il empiète sur
les fonctions du piqueur, et il doit être traité comme ce dernier. Il en
serait de même du *valet de limier* lorsqu'il va au bois pour détourner les
animaux. Dès qu'il pénètre sur la propriété d'autrui, il commet un délit de
chasse.

XXIX. — On s'est également demandé, sous l'empire de la loi du 3
mai 1844, si un chasseur qui a tué ou blessé mortellement, sur son terrain,
une pièce de gibier, peut aller la chercher sur celui d'autrui, lorsqu'elle y
est tombée ?

Il a été décidé par la Cour de Limoges, le 5 février 1848, qu'on ne commettait, en pareil cas, aucun délit de chasse ; qu'on n'exerçait pas alors un
acte de chasse proprement dit, et qu'on ne faisait que suivre le gibier qu'on
avait tiré chez soi, dans les conditions de la loi.

J'admets parfaitement ce principe. Mais la véritable raison, à mon avis,
c'est qu'une fois que le gibier est blessé mortellement, il devient, comme
nous le verrons plus loin, la propriété de celui qui l'a tiré, et que dès lors
il n'y a plus, de la part de ce dernier, que le fait de reprendre ce qui lui
appartient.

Je préfère donc les motifs donnés par la Cour de Paris, le 2 décembre
1854, dans un procès analogue, lorsqu'elle dit : « Attendu que l'article
« onze de la loi du 3 mai 1844, ne punit que ceux qui ont chassé sur le
« terrain d'autrui, sans permission du propriétaire, et non celui qui,
« *après avoir accompli le fait de chasse sur son propre terrain*, relève
« sur celui d'autrui le gibier qui y est tombé après avoir été mortellement
« blessé. » (2)

---

(1) *Chasse à courre en France*, page 9.
(2) *Journal des Chasseurs*, 16e année, p. 95.

XXX. — Les principes qui veulent qu'un chasseur ne puisse passer sur le terrain d'autrui sans le consentement du propriétaire, cessent de prévaloir quand il s'agit de l'exercice du droit de chasse sur un *fonds enclavé*. En effet, l'article 682 du Code Napoléon, donnant au propriétaire de ce fonds la faculté de passer sur les terres environnantes, il s'ensuit que chasseurs et chiens pourront user de ce droit. Seulement, comme le font observer avec raison MM. Gillon et G. de Villepin (1), le chasseur devra se garder de tout fait de chasse sur son passage; « il serait même prudent, « pour éviter les contestations, qu'il tînt ses chiens courants à la laisse ou « les attachât deux à deux. Un jugement de la Table de Marbre, du 6 juillet « 1707, ajoutent les mêmes auteurs, l'ordonnait ainsi à un sieur Richon « qui, pour aller à ses chasses, était obligé de traverser la magnifique terre « de Pleurs, près Paris. »

XXXI. — Il ne me reste plus qu'un point à signaler au sujet de l'article 11, 2°, § 3e de la loi du 3 mai 1844. Ce paragraphe, comme on l'a vu, s'occupe exclusivement du passage des *chiens courants*. Est-ce à dire qu'il y aura délit toutes les fois que les chiens ne seront pas rigoureusement de cette espèce?

Si on consulte le texte même de la loi, si on se reporte surtout à la discussion qui a eu lieu avant son adoption (v. *Supra*, n° XVIII), on doit l'admettre. Cependant, la Cour de Metz, par arrêt du 8 janvier 1855, ne l'a pas pensé ainsi, en renvoyant des poursuites dirigées contre lui, un chasseur qui, accompagné de deux chiens, l'un d'arrêt, l'autre de basse-cour, avait, sur son terrain, tiré un lièvre, que le chien de basse-cour poursuivit sur la propriété d'autrui, malgré les efforts qu'avait fait son maître pour le rappeler.

M. Dalloz approuve cet arrêt (2); MM. Gillon et G. de Villepin le considèrent, au contraire, comme une violation manifeste de la loi. Quant à moi, je partagerais plus volontiers cette dernière opinion, si je ne comprenais les motifs qui ont dû tenir les magistrats de Metz en garde contre un rigorisme trop absolu.

XXXII. — Ici se termine la première partie de mon œuvre. Je vais, à présent, examiner les diverses questions relatives à la propriété du gibier; or, il existe une telle affinité entre ces diverses questions et celles que je viens de passer en revue, que les principes exposés ci-dessus seront d'un grand secours pour les résoudre.

____

(1) *Nouveau Code des chasses*, p. 250.

(2) *Jurisprudence générale*, v° chasse, n° 263.

CHAPITRE IV.

§ 1er. — *Historique et législation.*

XXXIII. — La loi du 3 mai 1844, qui n'avait en vue que la police de la chasse, a laissé de côté tout ce qui a trait à la propriété du gibier. Le Code Napoléon lui-même, ne contient aucune disposition catégorique à cet égard. L'art. 715 parle bien de la liberté de chasser, mais il renvoie aux lois particulières qui concernent la chasse. Il faut donc remonter aux principes fondamentaux de la matière, pour résoudre les difficultés que peuvent faire naître les questions de propriété du gibier.

XXXIV. — Un premier point qu'il importe d'établir avant toute chose, c'est que les animaux sauvages, à l'état de nature, n'appartiennent à personne : ils sont ce qu'on appelle, *res nullius*, et pour en devenir propriétaire, il faut s'en emparer, autrement dit, les acquérir par voie *d'occupation*. Ainsi, le propriétaire d'un bois a bien le droit exclusif de poursuivre le gibier qui s'y trouve ; mais la présence de ce gibier ne lui confère par elle-même aucun droit de propriété.

L'occupation est si bien une des conditions de propriété du gibier, que si, après avoir pris dans un filet une bête sauvage et en être devenu ainsi propriétaire, je la laisse échapper, elle rentre dans les conditions ordinaires de sa nature, et je n'ai point le droit d'en revendiquer la propriété. Cette propriété s'est évanouie avec la possession même.

La seule exception qui existe à ce principe est relative aux lapins de garenne proprement dits, c'est-à-dire à ceux qui sont entretenus dans des garennes fermées, parce que alors ils ne peuvent s'échapper suivant leur fantaisie. La loi les considère comme immeubles par destination (art. 524, Code Nap.).

Il faudrait en dire autant des animaux qui se trouveraient parqués dans un domaine entièrement clos de murs ou de palissades assez élevés pour les empêcher de fuir.

Sous l'empire du droit romain, il en était de même : les bêtes sauvages en état de liberté, *in laxitate naturali*, appartenaient au premier occupant. « *Feræ igitur bestiæ volucres et pisces, id est omnia animalia quæ*

« *mari, cælo et terrâ nascuntur, simul atque ab aliquo captæ fuerint, jure*
« *gentium statim, illius esse incipiunt.* » (1).

XXXV. — Mais à quel moment s'effectuait définitivement l'occupation?
Telle était la difficulté que Puffendorf résume ainsi (2) :
« On demande si, pour avoir blessé une bête, elle nous appartient dès
« lors. Le jurisconsulte *Trébatius* soutient qu'oui; bien entendu que l'on
« poursuive toujours la bête ; car si le chasseur cesse de courir après, elle
« n'est plus à lui, elle redevient commune. D'autres prétendent, au con-
« traire, qu'elle n'appartient au chasseur que quand il l'a prise, y ayant bien
« des cas qui peuvent empêcher qu'il ne la réduise sous sa puissance : sur
« quoi l'empereur Frédéric Barberousse faisait cette distinction : si un
« chasseur a poursuivi une bête avec des dogues ou de gros chiens de
« chasse, et s'il l'a blessée ou tuée avec une lance ou à coups d'épée, elle
« lui appartient désormais uniquement ; s'il l'a tuée avec un dard, une ar-
« balète ou un arc, elle est à lui tant qu'il la poursuit ; mais s'il ne l'a dé-
« couverte et poursuivie qu'avec des chiens pour le lièvre, tout autre peut
« la prendre aussi bien que lui (3). Par une loi des Lombards, si quelqu'un
« a trouvé ou tué une bête qui avait été blessée par un autre, il lui en re-
« vient une épaule avec sept côtes ; le reste demeure au premier, pourvu
« qu'il n'y ait pas plus de vingt-quatre heures depuis la blessure faite. Pour
« moi, il me semble qu'on peut établir ici une règle générale, que si l'on a
« blessé mortellement ou considérablement harassé une bête, personne n'a
« rien à y prétendre tant qu'on est après à la poursuivre, pourvu que ce
« soit dans un lieu où l'on a droit de chasser; mais si la playe n'est pas
« mortelle et que la bête n'en soye guère moins bien, cette bête demeure
« au premier occupant. Lors donc que *Méléagre* voulut partager avec *Ata-*
« *lante* les dépouilles du fameux sanglier de *Calydonie* et la gloire de l'a-
« voir tué, ce fut plutôt par un effet de son amour pour cette princesse
« qu'en vertu d'aucun droit qu'elle eut pour avoir blessé la première le
« sanglier. Mais si les chiens d'un chasseur ont tué une bête sans qu'il les
« ait lâchez et halez lui-même après elle, il ne se l'approprie que quand il
« l'a prise actuellement. »

Barbeyrac, qui ne professe pas la même opinion, ajoute en note :
« Cette distinction n'est point nécessaire : l'auteur raisonne toujours sur
« une fausse idée de la nature de la prise de possession. La vérité est que

(1) *Instit. de Justinien*, liv. II, tit. I⁰ʳ, § 12. — « Les bêtes sauvages, les oiseaux, les poissons,
« enfin tous les animaux qui peuplent la terre, la mer ou les airs, à l'instant même où ils sont
« pris, deviennent par le droit des gens, la propriété de celui qui les prend. »
(2) *Le droit de la nature et des gens*, par le baron de Puffendorf, traduit par *Barbeyrac*, liv.
IV, ch. VI, n° 10, édition de 1740.
(3) *Radevic*, lib. I⁰ʳ, ch. 26. *De gestis Frédéric.*

« jusqu'à ce qu'on ne poursuive plus la bête et qu'on l'abandonne ainsi au
« premier occupant, elle est à moi autant qu'on peut l'être : en sorte que
« personne ne sçaurait légitimement y rien prétendre. »

Or, on était censé abandonner la bête quand elle n'était plus à la portée
de la vue. Dès lors on la considérait comme ayant recouvré la liberté :
« *Naturalem autem libertatem recipere intelligitur cum verò tuos oculos*
« *effugerit vel ita sit in conspectu tuo ut difficilis sit ejus persecutio.* »

GROTIUS, au contraire, pensait comme Puffendorf

« Pour acquérir la propriété, dit-il, il faut une possession corporelle.
« Ainsi, il ne suffit pas d'avoir blessé une bête, mais il faut l'avoir prise,
« comme cela fut décidé avec raison par les anciens jurisconsultes contre
« l'opinion de Trebatius. De là vient le proverbe : *Faire lever le lièvre*
« *pour un autre*, et ce que dit Ovide : qu'autre chose est de savoir où est
« ce qu'on veut, et autre chose de le trouver. » (1).

Justinien, en effet, avait résolu la question en ce sens :
« *Illud quæsitum est an, si fera bestia, ita vulneràta sit ut capi possit,*
« *statim tua esse intelligatur. Quibusdam placuit statim esse tuam, et eo*
« *usque tuam videri donec eam persequaris. Quod si desieris persequi,*
« *desinere esse tuam et rursus fieri occupantis. Alii non aliter putaverunt*
« *tuam esse quam si eam ceperis. Sed posteriorem sententiam nos con-*
« *firmamus, quia multa accidere solent ut eam non capias.* »

« On a demandé si l'animal sauvage que tu viens de blesser de manière
« à pouvoir le prendre, t'appartient aussitôt. Selon les uns, il est à toi à
« l'instant même et même tant que tu continues de le poursuivre ; mais si
« tu l'abandonnes, il cesse de t'appartenir et rentre parmi les choses qui
« sont au premier occupant. D'autres ont pensé qu'il n'est à toi que lors-
« que tu l'as saisi. *C'est ce dernier avis que nous confirmons*, parce que
« bien des accidents peuvent *le soustraire à ta poursuite.* » (2).

Ces principes, comme on le verra plus loin, ont, jusqu'à ce jour, servi
de base à la presque totalité des décisions judiciaires rendues en cette
matière.

XXXVI.— Cependant, est-il bien vrai que sous notre législation , il
faille *s'être saisi* de l'animal pour en être devenu propriétaire ?

On comprend parfaitement cette exigence au temps de Justinien, parce
que la tradition corporelle était une des conditions fondamentales de la
propriété et que, même lorsqu'il s'agissait du droit d'occupation, on avait

---

(1) *Vide quod aliis leporem excitavi* (PÉTRONE, ch. CXXXI).

   Credula si fueris aliæ tua gaudia carpent;
   Et lepus hic aliis exagitandus erit.

                    (OVIDE, *de art. am. lib.* III.)

(2) *Institutes de Justinien*, lib. II, t. Ier, § 13.

peine à admettre qu'on pût devenir propriétaire d'une chose sans la tenir
en main ; mais les idées se sont modifiées à cet égard, dans notre droit
français. La main-mise n'est plus une condition *sine quà non* de la propriété par occupation. Déjà Pothier l'estimait ainsi, quand il disait à propos
du droit de chasse : « Pour qu'un chasseur soit *censé* s'être emparé de l'a-
« nimal et en avoir acquis le domaine, il n'est pas précisément nécessaire
« qu'il *ait mis la main dessus*, il suffit que, de quelque façon que ce soit,
« l'animal ait été en son pouvoir, de manière à ne pouvoir s'échapper. »

Nous allons voir maintenant comment, suivant moi, on doit interpréter
ces mots : « Il suffit que l'animal ait été en son pouvoir. »

§ 2e. — Doctrine et jurisprudence.

XXXVII. — Bien des questions ont été soulevées au sujet de la propriété
du gibier, et plus d'une fois encore les tribunaux auront certainement à s'en
préoccuper. C'est là le sort de toutes les matières qui ne sont pas réglées
d'une façon absolue par le législateur. Or, quand on jette les yeux sur les
différentes espèces qui ont motivé ces contestations judiciaires, on voit
qu'elles peuvent toutes être ramenées à trois hypothèses, soit que le gibier
ait été *tué, blessé* ou *poursuivi.* Cet ordre est parfaitement méthodique :
aussi le conserverai-je dans l'examen auquel je vais me livrer.

XXXVIII. — Gibier tué. — La situation la plus nette pour un chasseur
est assurément celle où,

D'un plomb qui suit l'œil et part avec l'éclair,

il foudroye sa victime. Celle-ci lui appartient à l'instant : il n'aura d'autre
peine que de la mettre dans son carnier, et fût-elle tombée chez le voisin,
nous avons vu qu'on peut sans danger aller l'y ramasser. Cependant il arrive quelquefois que deux chasseurs visent en même temps une même pièce
et que les deux coups de fusil partent instantanément. A qui sera le gibier ?
D'ordinaire le droit ne prend guère place dans ces sortes de contestations,
elles sont vidées *hic et nunc* par les co-chasseurs eux-mêmes. La direction
du tir, la grosseur du plomb, le siége de la blessure, deviendront autant de
circonstances qui permettront de trancher la difficulté, et si, par hasard, on
ne pouvait y arriver, il faudrait, comme le sage Salomon, ordonner que la
pièce en litige sera partagée en deux.

XXXIX. — Ce que je viens de dire du gibier tué, je le dis également
du *gibier pris.* Ainsi mon chien attrape un lièvre et le saisit dans sa gueule,
ce lièvre devient immédiatement ma propriété ; je tends un piége, un sanglier tombe dedans, j'en deviens propriétaire, et si quelqu'un, à mon insu,

détend le piége et que l'animal passe en d'autres mains, j'ai le droit de le revendiquer. Mais il n'en serait plus de même si, par suite de grands efforts ou de l'imperfection du piége, l'animal s'était évadé. Chacun alors pourrait le prendre à son tour.

XL. — La propriété du gibier tué ou capturé est si positive à l'égard du chasseur, que quiconque s'empare de ce gibier commet un vol. C'est ce qui a été décidé par le tribunal correctionnel de Melun, le 6 novembre 1834, en ces termes :

« Considérant que le lièvre qui a été enlevé sur une pièce de terre appartenant à **MM.** Clary, après avoir été saisi par leur chien de chasse, *était devenu la propriété desdits sieurs Clary*;

« Que, par conséquent, le fait de cet enlèvement constitue *une soustraction frauduleuse* prévue par l'art. 401 du Code Pénal;

« Considérant qu'il résulte de l'instruction que lesdits sieurs Henry et Jacob se sont rendus complices de ladite soustraction en aidant et assistant avec connaissance l'auteur du délit dans les faits qui l'ont consommé et en recélant sciemment la pièce de gibier enlevée dont ils ont déclaré eux-mêmes avoir profité ;

« Considérant néanmoins qu'il existe au procès des circonstances très-atténuantes en faveur des prévenus;

« Condamne lesdits Henry et Jacob, chacun en 5 francs d'amende ;

« Les condamne en outre solidairement en 25 francs de dommages-intérêts envers les parties civiles et aux frais du procès, taxés à 89 francs 85 centimes aussi envers les plaignants, non compris le coût du jugement (1).

Ce même principe a été consacré par la Cour de Rouen, le 22 avril 1847 (2).

XLI.— Ainsi donc point de difficulté en ce qui touche le gibier tué par un chasseur sur le terrain où il avait le droit d'aller; mais en est-il de même de celui qui se trouve sur le terrain d'autrui ? Appartient-il au chasseur qui l'a tué malgré la défense du propriétaire ?

L'examen de cette question remonte bien haut.

Cujas a soutenu la négative (3); mais son opinion fut loin d'être partagée par les autres jurisconsultes.

Bouteiller, dans la *Somme rurale*, s'exprime ainsi :

« Du droict naturel dois savoir que les bestes sauvages et les oiseaux qui
« phaonnent en l'air, c'est-à-dire aux champs communs et aussi qui phaon-
« nent en terre commune, par le droict aux gens sont à celui prendre les
« peut. Ne en n'a nulle différence *si on les prent sur sa terre si on la, ou
« sur la terre d'autre*; car ou qu'on les prende, par celle même raison et
« droict, sont à celui qui premier les peut prendre (4). »

(1) *Gazette des Tribunaux* du 14 décembre 1834.
(2) *Gazette des Tribunaux* du 24 avril.
(3) Observ. IV. 2.
(4) *Somme rurale*, chap. 36.

Pothier professe la même doctrine et s'appuie sur le texte même de la loi romaine : « *Nec interest utrum in suo fundo quisque capiat an in alieno* (1), on ne distingue pas pour l'acquisition des bêtes sauvages, si quelqu'un les a pris dans son fonds ou dans le fonds d'autrui.

En effet, ainsi que l'observe avec raison M. Demolombe (2) : « la dé-
« fense faite par le propriétaire à une personne de chasser sur son fonds,
« ne change pas la nature du gibier qui n'en est pas moins toujours chose
« *nullius; prohibitio ista*, disait fort bien Vinnius, *conditionem animalis*
« *mutare non potest.* Le maître du fonds ne saurait exercer une action
« en revendication du gibier, puisqu'il n'en a jamais été propriétaire ; tout
« ce qu'il peut faire, c'est d'agir en dommages-intérêts. »

La loi du 3 mai 1844, ajoute-t-il, ne renferme rien de contraire à ce prin-
cipe. Ce n'est que dans le cas de chasse en temps prohibé qu'elle enlève au chasseur le gibier qu'il a tué ou qu'il a pris ; et encore n'est-ce pas pour le remettre au propriétaire du fonds sur lequel il aurait été tué par un tiers, puisque, au contraire, elle l'attribue aux établissements de bienfaisance.

XLII.—Toutefois il ne faut pas étendre cette théorie au cas où quelqu'un se serait servi de filets ou d'engins prohibés sur la propriété d'autrui.

« Dans notre jurisprudence, dit Pothier (3), celui qui aurait tendu un piège
« ou des collets dans un lieu où il n'a pas droit d'en tendre, ne serait pas
« écouté à prétendre que le gibier qui s'y serait pris lui appartenait, ni à
« intenter aucune action contre ceux qui s'en seraient emparés : on ne
« peut pas même dire que le gibier, en se prenant aux piéges ou aux collets
« qu'il a tendus, fut tombé en son pouvoir : car il n'était pas en son pou-
« voir de l'y aller prendre, le propriétaire du lieu ou ses gens ayant le droit
« de l'empêcher de s'y transporter. »

La chasse aux filets et aux collets, ajoutent MM. Joseph Lavallée et Léon Bertrand (4) est maintenant absolument prohibée; on ne saurait donc soutenir que le gibier pris au collet appartient à celui qui a tendu ce collet.

Enfin, M. Dalloz, qui adopte cette manière de voir, donne encore pour raison que « le fait d'avoir tendu sur le terrain d'autrui des filets dans les-
« quels un animal sauvage s'est laissé prendre, ne constitue pas de la part
« de celui qui a tendu les filets, un fait assez direct et assez personnel d'oc-
« cupation de l'animal, pour le faire considérer comme en étant devenu
« par cela seul propriétaire. (5) »

---

(1) *Digeste*, lib. 49, tit. Ier, § 3.
(2) *Cours du code Napoléon*, t. 13, n° 23.
(3) *Traité du Droit de propriété*, n° 25.
(4) *Vade-mecum du chasseur*, p. 47.
(5) *Répertoire*, v° *chasse*, n° 175.

XLIII.—GIBIER BLESSÉ. — D'après un usage qui a, pour ainsi dire, force de loi parmi les chasseurs, le gibier blessé assez grièvement pour ne pas échapper aux chiens qui le poursuivent, appartient à celui qui l'a frappé, et à supposer qu'un second chasseur vienne lui donner ce qu'on appelle le coup de grâce, il n'en restera pas moins la propriété du premier tireur (1).

Si, au contraire, la blessure est légère et que l'animal continue à courir avec autant d'agilité, il appartiendra à celui qui l'arrêtera dans sa fuite.

Sans doute il ne sera pas toujours facile de déterminer d'une manière absolue la nature de la blessure occasionnée par le premier coup de fusil, surtout si l'animal ne bronche pas. Il suffit, en effet, comme on le sait, d'un grain de plomb logé à l'intérieur du corps, pour qu'un lièvre tombe foudroyé à deux ou trois cents pas du lieu où il a été atteint, alors que chacun le croyait parfaitement sain et sauf. Si donc une autre personne le tirait pendant cet intervalle, il est certain que tout porterait à croire qu'elle seule doit en être propriétaire.

Ce sont là encore de ces questions d'appréciation que l'expérience consommée des chasseurs pourra résoudre, et si, à son défaut, il fallait en appeler aux tribunaux, ceux-ci devront prendre pour base de leurs décisions, les usages dont je parlais tout à l'heure.

---

(1) Ainsi l'a décidé un jugement du juge de paix de Bulgnéville (Vosges), rendu le 28 mars 1860, et rapporté dans le *Bulletin spécial des décisions de juges de paix*, t. IIe, p. 282.

J'en extrais les passsges suivants :

« Considérant que le demandeur, dans une traque, *avait blessé mortellement* un loup, ce qui a été établi d'une manière péremptoire dans l'enquête ; qu'il l'a suivi et fait suivre avec l'intention de s'en emparer jusqu'à ce que le défendeur, se trouvant fortuitement sur le passage de la bête fauve, au moment où elle était sur ses fins, l'a achevée, s'en est emparé et a refusé de la restituer au demandeur.

« Considérant qu'en la blessant mortellement et en continuant à la poursuivre avec intention de s'en emparer, ce dernier avait rempli toutes les conditions nécessaires pour arriver à s'approprier ce loup par l'occupation ; qu'en effet, en le blessant mortellement, il en était devenu possesseur *corpore ;* car, comme le dit Pothier, *Traité de la Propriété*, nº 25 : «Pour qu'un chas-« seur soit censé s'être emparé de l'animal et en avoir acquis le domaine, il n'est pas nécessaire « qu'il ait mis la main dessus, mais bien que, de quelque façon que ce soit, l'animal ait été en « son pouvoir, de manière à ne pouvoir s'échapper ; » qu'ensuite en le poursuivant avec intention de s'en emparer, sa possession avait continué *animo ;* ce qui forme les deux conditions nécessaires pour arriver par la possession à la propriété.

« Disons que c'est à tort que Guillaume s'est emparé du loup qui forme l'objet de la contestation et a refusé de le restituer à Antoine ; que sans aller aussi loin que certains auteurs, qui vont jusqu'à taxer de vol un semblable procédé (*Puffendorf*, LIV. IV, CH. VI, Nº 10), Guillaume s'est mis en tort par ce fait, et qu'il est de toute justice qu'il soit condamné à réparer ce tort.

Considérant, au surplus, que les éléments de la cause nous permettent d'apprécier le préjudice qui a été causé.

Condamnons Guillaume, pour tenir lieu de dédommagement, à 30 fr. de dommages-intérêts envers Antoine, et le condamnons, en outre, en tous les dépens.

Statuant sur la demande reconventionnelle de Guillaume en 120 fr. de dommages-intérêts contre Antoine, disons que les frais de consultation et démarches par lesquels elle est motivée, restant à la charge de ceux qui les ont faits, il n'y a pas lieu d'y faire droit.

C'est en ce sens que le tribunal de Jonzac a repoussé en 1840, une action intentée devant lui par un chasseur qui prétendait être propriétaire d'un lièvre qu'il avait tiré et qu'un autre avait atteint d'un second coup.

« Attendu, dit le jugement, que le lièvre dont il s'agit au procès, a été « tiré à trois portées de fusil des chiens et à une distance beaucoup plus « grande des chasseurs ; qu'ainsi il n'était encore la propriété de per-« sonne. (1) »

Le tribunal a pensé qu'on ne pouvait admettre que le lièvre ait été *blessé mortellement* la première fois, puisqu'il avait conservé trois portées de fusil d'avance sur les chiens qui le suivaient.

Dans ces sortes d'affaires, je le répète, il n'y aura pas de certitude absolue. Les présomptions et les probabilités joueront seules un grand rôle ; mais la plupart du temps elles se rapprocheront tellement de la vérité, qu'on pourra, sans crainte, les admettre comme preuves.

Je me souviens avoir vu quelque part une ou deux décisions rendues par des juges de paix, qui décidaient qu'une bête blessée par un chasseur et achevée par un autre, devait être partagée entre les deux. Je n'admets pas une pareille solution ; elle se comprendrait dans le cas où les deux chasseurs tireraient simultanément, ainsi que je l'ai dit plus haut ; mais quand les coups se succèdent après un intervalle sensible, il ne faut plus raisonner de même. C'est au premier ou au dernier tireur que la propriété doit être exclusivement attribuée, suivant la circonstance.

XLIV. — GIBIER POURSUIVI. — Peut-on tuer ou prendre le gibier qui est poursuivi par autrui ?

Telle est la question qui préoccupe si vivement tous les chasseurs et principalement ceux qui se livrent à la chasse à courre.

Si on ne consultait que sa propre conscience, si on respectait les loyales traditions des vrais disciples de saint-Hubert, cette question serait bien vite tranchée, et on ne manquerait pas de signaler comme un profane, celui qui vient ainsi frapper, sous le nez des chiens, le gibier qui leur semblait réservé, de telle sorte qu'on pourrait leur dire avec Virgile :

Sic vos non vobis...

Quant à moi, je ne vois rien de plus mal séant, de plus contraire à toutes les idées reçues dans le monde qui sait vivre, que ces gens qui, n'ayant d'autre mobile que la satisfaction d'un égoïsme honteux, viennent, sans vergogne aucune, se mettre en embuscade à l'endroit où une meute doit passer, et, sous prétexte qu'elle franchit les limites d'un terrain où elle n'a pas droit de parcours, se font un malin plaisir de ravir le gibier qu'ils n'au-

____

(1) *Gazette des Tribunaux* du 9 avril 1840.

raient certes pas eu, sans l'intelligente ardeur des chiens d'autrui. Pour ces gens-là, le jour de chasse du voisin est une bonne aubaine. Dès la veille, ils s'apprêtent à entrer en campagne en même temps que lui ; ils suivent attentivement la voix des chiens, détournent avec habileté les carrefours, et arrivent à se poster sur la lisière du bois, où quelque cépée leur offrira une retraite d'autant plus sûre que personne n'y soupçonnera leur présence. A en juger par leur impatience et leur anxiété, on croirait voir de ces écumeurs de routes qui, l'escopette en main, attendent, pour le dévaliser, quelque imprudent voyageur. Cependant la voix des chiens redouble ; le gibier poursuivi arrive devant ce braconnier *de nouvelle espèce, qui n'a* d'autre souci que de bien épauler ; il tire ; l'animal tombe, et si les chiens, étourdis d'un pareil événement, cherchent, au moins, à en rapporter les dépouilles à leur maître, des coups de fouet ou de crosse de fusil leur font lâcher bien vite une proie qui va aussitôt se dissimuler dans le carnier du tireur. Puis les chasseurs accourent, ils ont entendu la détonation et ont pressenti ce qui venait d'arriver. Ils interpellent leur rival, lui reprochent sa conduite, le menacent de la justice ; mais le rusé compère sourit dans sa barbe et s'éloigne en murmurant ce vieux proverbe : *Charbonnier est maître chez lui !*

Voilà ce qui arrive à chaque instant : voilà ce qui fait que les plus intrépides se dégoûtent de la chasse à courre et se défont de leurs équipages. Encore quelques années, et cette chasse si émouvante, si pleine de grandeur et de prestige, sera passée, en quelque sorte, à l'état de légende.

XLV. — Que de tels procédés soulèvent l'*indignation* des honnêtes chasseurs, c'est incontestable ; mais l'indignation ne suffit pas pour résoudre les contestations ; il faut encore avoir le droit pour soi. Or, dans l'état actuel de notre législation, le gibier *poursuivi* appartient-il au chasseur qui l'a *lancé ?*

Un jugement qu'a rendu M. le juge de paix du canton de Schirmeck, le 10 octobre 1859, adopte l'affirmative, par des considérations auxquelles j'adhère de la façon la plus absolue.

Ce jugement est ainsi conçu :

« Considérant, en droit, qu'il est d'usage constant et général de regarder en quelque sorte comme la propriété du chasseur le gibier qu'il a *levé* dans ses chasses, tant qu'il est couru par lui et que ses chiens n'en ont pas abandonné la poursuite ; que s'il était loisible au premier venu, embusqué au passage, de s'emparer du gibier qu'un autre a fait lever et poursuit encore, la chasse aux chiens courants deviendrait souvent désagréable et pourrait amener des conflits regrettables ;

« Considérant qu'il est des lois d'équité qui n'ont pas besoin d'être écrites pour devoir être observées ; que tel est l'usage invoqué par le demandeur, usage qui n'est pas seulement le produit des convenances sociales et du savoir-vivre ; mais est devenu une convention tacite, une obligation réciproquement admise, à laquelle il serait injuste que quelqu'un voulût seul se soustraire ;

« Considérant en fait que A... chassait avec des chiens courants un lièvre levé sur un terrain dont la chasse lui appartient; que B.... a tué le lièvre au moment où les chiens de A.... étaient sur sa trace et où les deux chasseurs pouvaient entendre leurs cris sur la voie; que peu d'instants après, les chiens, toujours sur cette voie, sont arrivés au lieu où le lièvre a été pris; circonstances qui eût dû convaincre B.... que le gibier par lui tué est celui que A.... chassait, ce que d'ailleurs le défendeur n'a pas contesté. Disons que B.... a eu tort de s'approprier le lièvre en question et le condamnons pour l'avoir fait en 40 fr. de dommages-intérêts et aux dépens »

Ce jugement fut inséré dans le *Bulletin spécial des décisions des Juges de paix,* et les auteurs de cet estimable recueil l'accompagnent des réflexions suivantes :

« Le gibier, à la seule exception des lapins, dans les cas prévus par l'art. 524 du « Code Napoléon, et tant que ces animaux n'ont pas quitté les garennes où ils ont « été placés par le propriétaire, le gibier, disons-nous, est *primo occupanti.* Il s'agit « donc de savoir à quel instant l'occupation commence. Or, nous pensons avec M. le « juge de paix de Schirmeck, qu'il y a main-mise, occupation, appropriation, dès « l'instant que le chasseur est occupé à courre l'animal ; il n'est besoin ni que l'ani- « mal ait été tué ni même qu'il ait été blessé (1).»

Tout récemment, le tribunal de Villefranche, statuant sur l'appel d'une décision du juge de paix de Tarare, a jugé, le 28 mars 1862, qu'un lièvre *poursuivi* depuis longtemps par les chiens d'un chasseur, et qui se laisse prendre facilement par un chien de berger, est un animal *forcé,* et qu'il est la propriété du chasseur, lors même qu'il aurait été pris à une grande distance de ce dernier et de ses chiens.

Voici le texte de cette décision :

« Attendu, en droit, qu'il est incontestable que les animaux sauvages, dans leur état de liberté naturelle, n'appartiennent à personne, et qu'ils deviennent la propriété du premier occupant ; que c'est, en d'autres termes, par droit d'occupation réelle que se fait cette espèce d'acquisition;

« Attendu que la seule difficulté qui divise les auteurs, est celle de savoir à quel moment précis doit s'opérer, pour le chasseur notamment, l'occupation suffisante pour lui faire acquérir, d'une manière définitive, le gibier poursuivi ;

« Qu'il est toutefois généralement admis que, pour qu'un chasseur soit réputé s'être emparé d'un animal, il n'est pas précisément nécessaire qu'il ait mis la main dessus, et qu'il suffit que, de quelque façon que ce soit, l'animal soit tombé en sa puissance, de manière à ne pas pouvoir s'échapper;

« Attendu, en fait, qu'il n'est pas douteux, dans l'espèce, que le lièvre pris par le chien de Duperret, et dont s'est emparé Godard, est en réalité le même que celui que Morel prétend avoir été poursuivi par ses chiens pendant plus de trois heures;

« Qu'en effet, Godard lui-même n'a pas sérieusement contesté aux débats cette identité dont il a au contraire reconnu la vraisemblance;

« Que si l'enquête, qui n'avait d'ailleurs pour objet que de prouver les injures adressées par Morel à Godard, n'établit pas positivement que le lièvre ait été lancé par les chiens de Morel, elle ne contredit point non plus le système et les allégations de ce dernier, que rien dès lors ne vient détruire, et qui doivent subsister ;

« Attendu en outre qu'il résulte, soit de l'enquête, soit de tous les documents de la cause, que le lièvre avait été non-seulement poursuivi, mais encore forcé par les

(1) *Bulletin spécial des décisions des Juges de paix,* par MM. Jay et Guilbon, t. IIe, p. 282.

chiens de Morel ; que la preuve évidente de ce fait résulte de la facilité et de la promptitude avec laquelle un chien de berger, celui de Duperret, est parvenu à le saisir; que dans cette situation, il faut reconnaître que ce gibier, ainsi forcé par les chiens de Morel, était dans l'impossibilité de pouvoir échapper à ce dernier, était en conséquence tombé en sa puissance, et que Godard était sans droit pour se l'approprier;

« Par ces motifs, condamne Godard à payer à Morel la somme de 6 fr. pour la valeur du lièvre dont s'agit. »

XLVI. — Cependant, la difficulté grandit lorsque celui qui s'empare du gibier poursuivi, au lieu d'être le premier venu, est le propriétaire même de l'endroit où les chiens ont continué la poursuite. En effet, comme nous l'avons vu plus haut, le fait du passage des chiens sur le terrain d'autrui, ne constitue pas un droit, mais bien une simple tolérance, aux yeux de la loi; or, cette prohibition d'entrer sur la propriété du voisin sans son consentement, peut bien arrêter le chasseur et les chiens; mais elle ne concerne assurément pas le gibier, et du moment que ce dernier sera à l'abri de la poursuite des chiens, il rentrera dans sa condition ordinaire *in laxitate naturali*. Aussi, le propriétaire du terrain sur lequel il se sera engagé, pourra-t-il s'en emparer comme *premier occupant*.

Décider le contraire, ce serait renverser les rôles et rendre en quelque sorte illusoires les dispositions de la loi du 3 mai 1844, relatives au droit de propriété.

Aussi, quand la question s'est présentée devant le tribunal de Châtillon-sur-Seine, le 23 février 1859, ce dernier a repoussé la prétention du plaignant par les motifs suivants :

« Le tribunal :

« En ce qui touche le premier chef de conclusions du sieur Philippon, tendant à ce qu'il soit fait défense au sieur Suschet et de tirer à l'avenir sur toute pièce de gibier lancée par les chiens du demandeur sur le terrain de ce dernier et poursuivie par ses chiens, sous peine de tous dépens et dommages-intérêts;

« Considérant en droit qu'aux termes de l'article premier de la loi du 3 mai 1844, nul n'a la faculté de chasser sur la propriété d'autrui, sans le consentement du propriétaire ou de ses ayants-droit; que l'infraction à cette disposition est punie de peines correctionnelles d'après le paragraphe 2, art. 11 de la même loi; qu'à la vérité cet article porte que le fait du passage des chiens courants sur l'héritage d'autrui, lorsque ces chiens seront à la suite d'un gibier lancé sur la propriété de leurs *maîtres, pourra* ne pas être considéré comme un délit de chasse sauf l'action civile, s'il y a lieu, en cas de dommages; mais qu'il est évident que cette disposition, loin de conférer au chasseur le droit de suite sur le gibier lancé sur sa propriété lorsqu'il en est sorti, le lui interdit au contraire formellement; qu'il est certain que si le chasseur, au lieu de rappeler ses chiens poursuivant le gibier sur le terrain d'autrui, continue ou cherche à les exciter, il ne se trouve plus dans le cas d'excuse prévu par la loi, qu'il commet alors le délit prévu par le paragraphe 2 de l'article 11 précité et se rend passible des peines prononcées par cet article; qu'à plus forte raison il n'a pas le droit de suivre ses chiens et d'aller faire acte de chasse sur le terrain d'autrui; que c'est ce qui résulte clairement de la discussion de la loi ci-dessus rappelée, et que c'est ce qui a été constamment décidé par la jurisprudence.

« Considérant, d'un autre côté, qu'aucun texte de loi n'interdit au propriétaire du terrain sur lequel se rend une pièce de gibier lancée sur une propriété voisine, de la chasser à son tour et de s'en emparer s'il peut l'atteindre; que s'il en était autrement, ce serait reconnaître un droit de priorité ou de préférence, et créer au *profit des chasseurs un véritable privilége que repoussent les principes de notre législation civile sur le droit de propriété, ainsi que le texte et l'esprit de la loi du 3 mai 1844.*

« Considérant, dans l'espèce, qu'il résulte de tous les documents de la cause, notamment des faits articulés par le demandeur lui-même, que le chevreuil dont s'est emparé le sieur Suschetet, le 7 décembre 1858, avait été tué par lui sur un terrain où il avait seul le droit de chasser; que d'après les principes qui viennent d'être exposés, ce gibier n'était point la propriété du sieur Philippon, quoique celui-ci l'eût lancé sur son terrain; qu'ainsi le sieur Suschetet pouvait le chasser à son tour, quand il est arrivé sur l'héritage où il a le droit de chasser, et par suite le tirer et se l'approprier.

« En ce qui touche le second chef de conclusions du sieur Philippon, par lequel il réclame 300 fr. pour lui tenir lieu de la valeur de cette pièce de gibier.

« Considérant que le sieur Suschetet n'ayant fait qu'user du droit qu'a tout chasseur muni d'un permis de chasse et qui s'est conformé à toutes les prescriptions de la loi, de poursuivre le gibier qui parcourait le terrain sur lequel il a le droit de chasser, n'a causé aucun préjudice au demandeur qui ne pouvait pas, sans commettre un délit, continuer à le chasser sur la propriété d'autrui, qu'ainsi ce second chef de conclusion n'est pas plus fondé que le premier.

« En ce qui touche les conclusions subsidiaires ayant pour objet de faire ordonner la preuve des différents faits articulés à l'appui de la demande principale.

« Considérant que ces faits, qui sont pour la plupart reconnus par le défendeur, ne sont pas de nature à justifier cette demande; que lors même qu'ils seraient prouvés, ils seraient sans influence dans la cause.

« En ce qui touche les dépens.

« Considérant qu'ils doivent être mis à la charge de la partie qui succombe.

« Déterminé par ces motifs, le Tribunal :

« Sans s'arrêter, ni avoir égard aux faits articulés par Philippon, qui sont déclarés non pertinents, et dont il n'y a pas lieu d'ordonner la preuve.

« Déclare Philippon mal fondé dans ses deux chefs de conclusions principales et le condamne aux dépens. »

Appel a été interjeté de cette décision; mais la Cour de Dijon, par arrêt du 2 août 1859, l'a confirmée purement et simplement.

Quelques années après, la Cour de Cassation devait, elle-même, être appelée à donner son opinion sur cette matière si délicate. Voici dans quelles circonstances :

Le 2 mars 1861, les chiens de M. W. Cooper avaient fait lever un lièvre et le poursuivaient, avec acharnement, jusque sur une propriété voisine, où M. Cooper n'avait pas droit de chasse. A peine lièvre et meute avaient-ils franchi les limites de cette propriété, que deux coups de fusil se firent entendre. Le lièvre venait d'être tiré par les frères Rochon.

M. Cooper réclama la bête à ces derniers; mais ils refusèrent de la rendre. De là, procès.

Cités devant M. le juge de paix du canton de Coutras, les défendeurs furent condamnés à payer à M. Cooper la somme de 6 francs, à titre de dommages-intérêts. Mais sur l'appel interjeté de cette sentence, le **tribunal civil de Libourne** la réforma par jugement ainsi conçu :

« Attendu que le gibier appartient au premier occupant et qu'il ne devient dès lors
« la propriété que de celui qui s'en empare ;

« Attendu que le fait par les frères Rochon, d'avoir tué et emporté un lièvre qui
« était déjà poursuivi par les chiens de Cooper, ne pouvait légitimer l'action en
« dommages-intérêts formée par ce dernier, puisqu'il n'avait aucun droit acquis sur
« ce lièvre ;

« Attendu que si ce procédé est contraire aux usages généralement suivis en ma-
« tière de chasse, il n'en résulte pas cependant que les frères Rochon, en agissant
« ainsi qu'ils l'ont fait, se soient approprié une chose qui appartienne à Cooper, pour
« en avoir, en quelque sorte, déjà pris possession ;

« Qu'il n'est point établi que le lièvre dont il s'agit ait été blessé par les coups de
« feu qui ont été tirés sur lui ou que, du moins, il le fût assez gravement pour ne
« pouvoir pas échapper à la poursuite de Cooper,

« Que la demande de ce dernier est donc sans fondement. Infirme, etc., etc. »

M. Cooper se pourvut contre ce jugement, devant la Cour de Cassation ; son honorable avocat, Mᵉ Maulde, soutint que le seul fait de la poursuite et de la blessure du lièvre assurait, à son profit, un droit de propriété réelle sur ce gibier. Mais, qu'à supposer qu'il n'en fût pas ainsi, son client n'avait pu être troublé dans l'exercice de son droit de chasse par la voie de fait dont il demandait réparation.

« Le droit de chasse, disait-il, comme tout droit légal, est placé sous la sauve-
« garde de la loi et de la justice. Comme pour tous autres intérêts, comme pour tous
« actes de la vie civile, le chasseur qui a satisfait aux charges et aux conditions qui
« lui sont imposées, est fondé à réclamer le respect, la jouissance pleine et entière de
« son droit, en même temps qu'il est tenu au respect de celui d'autrui »

La Cour de Cassation ne crut pas devoir consacrer une thèse aussi absolue, et la Chambre des requêtes rendit, le 29 avril 1862, l'arrêt suivant :

« La Cour :
« Attendu que s'il est vrai que le gibier appartienne au premier occupant, la possession en ce qui le concerne, ne résulte pas de la poursuite par le chasseur ou par
ses chiens, ni même d'une blessure, si cette blessure est légère et n'empêche pas le
gibier de s'échapper et de gagner une propriété sur laquelle le chasseur n'a pas le
droit de chasser ;

« Attendu, en fait, qu'il est constaté par le jugement attaqué, que le lièvre chassé
par le demandeur en Cassation n'avait pas été blessé par le coup de feu que celui-ci
avait tiré sur lui, ou que du moins il le fût assez grièvement pour ne pouvoir échapper à la poursuite dudit demandeur ;

« Attendu qu'il résulte encore du même jugement, que le lièvre dont s'agit, après
avoir échappé à la poursuite de Cooper, s'est réfugié sur une propriété appartenant à
un des défendeurs éventuels, à l'égard de laquelle ledit Cooper *n'avait pas le droit de
chasse.*

« Qu'en décidant en de telles circonstances que le lièvre dont s'agit n'était pas
dans la possession de Cooper, lorsqu'il a été tué et emporté par les frères Rochon, le
jugement attaqué n'a pas violé les articles des lois invoquées par le pourvoi.

« Rejette. »

XLVII. — Je m'incline devant une semblable jurisprudence, quand le gibier est tué sur une terre où le chasseur poursuivant n'avait pas le droit de pénétrer ; mais je ne l'admettrais pas, si le propriétaire voisin avait consenti à ce qu'on chassât chez lui, ou si chasseurs et tireurs se trouvaient sur ce qu'on peut appeler un *territoire neutre*, c'est-à-dire sur un terrain où la chasse est banale. Je dis, qu'en ce cas, on ne peut venir s'emparer du gibier que poursuivent les chiens d'autrui, et voici les motifs qui me déterminent.

La loi du 3 mai 1844 a reconnu, en principe, la *chasse à courre* ; l'article 11 en est la preuve ; or, qu'est-ce que la chasse à courre, si ce n'est la poursuite d'un animal par des chiens, poursuite qui doit aboutir, presque toujours, à la mort de la bête, soit que, harassée de fatigue, elle ne puisse plus esquiver les chiens, soit qu'une balle vienne l'arrêter dans sa fuite. Mais, pour arriver à poursuivre un animal quelconque, il faut, au préalable, le rencontrer et, sans être veneur, chacun sait très-bien les soins qu'exige, à cet égard, l'éducation des limiers et autres chiens dressés à la quête du gibier. Eh bien, ne doit-on pas admettre que la découverte du gibier ne soit le prélude certain de *l'occupation*. Car, si je le cherche, c'est évidemment dans l'intention de m'en emparer, *animo occupandi*. Je satisfais donc, à ce premier point de vue, à une des conditions de la loi romaine, et comme la seconde de ces conditions, *la possession corporelle*, n'est plus indispensable dans notre législation pour constituer la propriété, je pourrai, jusqu'à un certain point, me considérer déjà comme propriétaire de la bête que je poursuis. Cependant, il est bien évident que si, par suite de ruses habilement combinées ou par d'autres circonstances, elle vient à déjouer les efforts de mes chiens et que sa piste soit entièrement perdue pour eux, ou si je renonce moi-même à la poursuite, je ne pourrai plus invoquer le bénéfice de mon commencement d'occupation, et toute autre personne aura alors le droit de la chasser à son tour (1).

Mais, jusque-là, ma situation doit être respectée par les autres, et la jouissance que je me suis procurée, en vertu de la loi sur la chasse, ne doit pas être entravée par le fait du premier venu. Celui-ci, en effet, peut bien avoir autant de droit que moi pour la découverte du gibier sur un terrain neutre, mais il ne peut considérer comme telle, l'apparition d'une bête qui est menée par mes chiens et qui, sans eux, serait restée enfouie dans quelque bauge ignorée. Et ce raisonnement prend encore plus de force quand cette bauge est située sur mon propre domaine, où personne n'a le droit de s'introduire sans mon consentement. Si donc, en droit strict, ce

---

(1) C'est ce qui a été décidé à propos d'un renard, par M. le juge de paix du canton de l'Isle-sur-Sorgue (Vaucluse), le 9 mars 1861. Le texte de ce jugement est rapporté dans le *Bulletin spécial des décisions des juges de paix*, rédigé par MM. Jay et Guilbon. (*Livraison d'août* 1862).

Voir également un jugement rendu par M. le Juge de paix du canton de Sedan (*Gazette des Tribunaux* du 17 février 1861.)

gibier qui habite mon bois n'est pas, par ce fait seul, ma propriété, on conviendra, du moins, que cette circonstance devra être prise en sérieuse considération dans un pareil débat.

D'un autre côté, je ne vois aucun texte de loi qui statue d'une façon positive sur les questions de propriété du gibier. Pour les résoudre, il faut, comme je l'ai déjà dit, remonter aux sources du droit romain, et encore éprouve-t-on, sur certains points, des doutes sérieux. Or, il est un principe constant de notre législation française, c'est qu'en l'absence de texte ou de conventions, il faut s'en référer aux usages ; et les usages, en pareille matière, je ne crains pas de les invoquer, puisqu'ils ont été signalés eux-mêmes par les tribunaux, qui admettent qu'on peut s'emparer, sur son propre terrain, du gibier levé sur celui d'autrui, et qui ont voulu ainsi infliger, à celui qui gagnait son procès, une sorte de blâme moral qui le mît à l'arrière-ban des honnêtes chasseurs.

Ces usages, d'ailleurs, ont été de tout temps : Pothier, en examinant l'opinion de Barbeyrac, que j'ai rapportée plus haut, dit : « Ce sentiment, *plus civil, est suivi dans l'usage.* » Si on remonte à une époque plus éloignée, on trouvera d'abord l'arrêt du Parlement de 1290, que nous connaissons déjà (*Vide suprà.* n° v), et, ensuite, deux dispositions des capitulaires de Charlemagne : « *Si quis cervum, quem alterius canes moverunt aut las-* « *saverunt, occiderit et furaverit,* DC *den., qui faciunt* XXVIII *sol. Culpa-* « *bilis judicetur.* » Quiconque aura tué et volé le cerf que les chiens d'autrui auront lancé et forcé, sera condamné au paiement de 600 deniers, qui font 28 sols. « *Si quis aprum lassum quem alterius canes moverunt occi-* « *derit et furaverit,* DC *denarios, qui faciunt* XXVIII *sol. Culpabilis judi-* « *cetur.* » Quiconque aura tué et volé le sanglier que les chiens d'autrui auront forcé, sera condamné au paiement de 600 deniers, qui font 28 sols.

XLVIII. — Ajoutons, en terminant, que ces sortes de procès constitueront toujours des actions civiles et non des actions correctionnelles, comme en matière de délit de chasse. Il n'y a là, en effet, qu'une discussion relative à un droit de propriété quelconque, et il n'y a délit, d'après la loi du 3 mai 1844, que dans le cas où on chasse sur le terrain d'autrui sans son autorisation. Aussi, est-ce avec raison que la Cour de Paris a, le 17 juin 1862, rendu l'arrêt qui suit :

« Attendu que le fait, par un chasseur muni d'un permis de chasse, d'avoir tué « *sur sa propriété,* dans le temps où la chasse est autorisée, une pièce de gibier qui « la traversait après avoir été levée par un autre chasseur sur son propre terrain « et lorsque le chien courant de ce dernier chasseur était encore à la poursuite du « gibier, *ne saurait constituer un délit de chasse.*

« Que c'est, au contraire, le fait du passage du chien courant appartenant au se- « cond chasseur, sur l'héritage du premier, qui pourrait être considéré, aux termes « de l'art. 11, § 2°, de la loi du 3 mai 1844, comme un délit de chasse.

« Que les prévenus ne sauraient être atteints pour ce motif. » (1)

XLIX. — Ici finit mon travail. J'aurais pu en élargir le cadre et me livrer à de plus grands développements, le sujet le comportait ; mais j'ai préféré me borner à en indiquer seulement les principes, laissant à autrui le soin d'en tirer les conséquences.

Et maintenant si, sous forme de conclusion, il m'était permis de faire un vœu, ce serait de voir tous les chasseurs, quels qu'ils soient, petits ou grands, jeunes ou vieux, riches ou pauvres, mettre de côté ce semblant de droit qu'on invoque, en pareille circonstance, pour confisquer, à son profit, ce qui réellement doit être le bénéfice d'un autre ; et, n'écoutant que le cri de leur conscience, proclamer avec le juge de paix de Schirmeck, qu'il est des lois d'équité qui n'ont pas besoin d'être écrites pour devoir être observées. Nos pères les ont fidèlement respectées, respectons-les à notre tour.

(1) Voyez le *Droit* du 21 juin 1862.

FIN

TABLE DES MATIÈRES

FIN DE LA TABLE.

Paris. — Imprimerie de L. TINTELLIN, rue Neuve-des-Bons-Enfants, 3.

Paris, imp. de L. Tinterlin, r. Neuve-des-Bons-Enfants. 3